講談社選書メチエ

703

地中海の十字路＝シチリアの歴史

藤澤房俊

MÉTIER

目次

地中海の中心・シチリア島

現在のシチリア島

序章

シチリア島から世界史をみる

地中海の中心にて

長靴の形をしたイタリア半島に蹴りあげられるように、地中海に浮かぶ最大の島、シチリア。そのシチリアという名前について、紀元前一世紀にアグリジェントで生まれたギリシア人歴史家のディオドロス・シケリオテス（シチリアのディオドロス）は、『歴史叢書』で、次のように記している。

古くは（シチリアの）形態からトリナクリアと呼ばれた島は、そこに移住したシカーニ人によってシカーニアと命名されたが、イタリア半島から大挙して渡来したシークリ人によってシケリアという名になった。

シチリアの古称トリナクリアは、三角形のシチリアの地理的形態を示している。左頁の図版のように図像化されたトリナクリアは、今はシチリア特別自治州の旗となり、シチリアのシンボルとなっている。

トリナクリアの図像には、ギリシア神話に登場する女性メデューサの顔が中央についている。メデューサは、その顔を見たものは石になるといわれ、古代ギリシアでは魔除けとされた。ギリシアのメデューサの頭毛は蛇になっているが、シチリアのそれは麦の穂で編まれており、シチリアの肥沃な大地を表す大地母神といわれる。

シチリアの名前は、前八世紀に渡来し、植民市を拓いたギリシア人が、先住民のシークリ人の住むところ、シケリアと呼んだことによる。そして、シチリアに住み着いたギリシア人は自らをシチェリオーティ人と名乗った。

ホメロスが「ワインのような濃い色」と呼んだ地中海（Mediterraneum）は、ラテン語の中（medi）と、地（tera）を合成したもので、ヨーロッパとアフリカの間にあるところという意味である。ローマ人は、帝国を樹立すると、地中海をマーレ・ノストルム、「われらの海」と呼んだ。

シチリアを取り巻く地中海は、外の世界を遮断するのではなく、結び合う、開かれた路であった。シチリアは地中海を通路として、西と東、ヨーロッパとアフリカにつながっている。その開放的な地理的環境ゆえに、古代から今日にいたるまで、あまたのよそ者が絶えることなくシチリアに侵入した。

近隣のイタリア半島やアフリカからはもちろんのこと、遠く離れたノルマンディやドイツなどのヨーロッパの地域からも、多様な人種、宗教、文化が古くからシチリアに流入した。地中海を内海として、人や物が行きかった地中海世界について、二〇世紀のフランスの歴史家、フェルナン・ブローデルは次のようにいう（フェルナン・ブローデル／神沢栄三訳『地中海世界』みすず書房、二〇〇〇年）。

地中海世界は、「一つの景観ではなく無数の景観」「一つの海ではなくいくつもの海の連続」「一つの文明ではなく互いに層をなしているいくつもの文明」である。地中海の真ん中に位置し、「文明の十字路」と呼ばれるシチリアでは、侵入した人々

シチリア特別自治州の紋章

が衝突や排除を繰り返しながらも融合し、重層的に交錯する独特の世界が誕生した。

シチリアの東部、南部の沿岸には、ギリシア人の植民市を起源とする、たとえばカターニア、シラクーサ、アグリジェントなどの都市が今も栄えている。一二世紀末、イスラーム教徒のイブン・ジュバイルは、メッカ巡礼を終えて、出発地のイベリア半島のコルドバに帰る途中に船上から見た、シチリアの北海岸の「途切れなく続く人家や村々や高い山々の頂上にある城砦や要塞」に感嘆している。

一八世紀末、シチリアを訪れたゲーテは、かの有名な『イタリア紀行』のなかで、「あたかも蒔き散らしたようにたくさんの都市がある」と描写している。「百のシチリア」とも形容されるシチリアには、さまざまなよそ者を起源にもつ都市や町が混在し、それぞれに固有の歴史と文化を今も残している。

多様な文化・宗教

シチリアの都市は、ギリシア人が建てた壮麗なモニュメントが残るシラクーサやアグリジェントのような沿岸都市だけではない。アラビア語で「花瓶の丘」を意味する、カターニア県の山岳都市カルタジローネは、イスラーム教徒がもたらした色鮮やかな陶器の町として、今も栄えている。

シチリアの北西部には、最初はフェニキア人が築き、花を意味するジズと呼ばれ、ギリシア人が支配するようになると「すべてが港」を意味するパノルモスと呼ばれるようになる、自然港のパレルモがある。

パレルモには、モスクの三つの赤いクーポラが特徴のアラブ・ノルマン様式のサン・カタルド教会がある。その教会は、イスラーム教とキリスト教の境界線がぼやけて、二つの宗教が混然一体となっているようにさえ見える。

時空を超えて、多様な人種と文化が混在するシチリアを、今も視覚的に知ることができる。パレルモの町を歩いていると、目鼻立ちの整った、それこそギリシア彫刻のような女性に出会うことがある。古代ギリシア人の末裔であろう。黒い髪の、浅黒い肌のアラブ系と思える人も散見される。アラブ人が、時には侵略者として、時には海賊として、地理的に近いアフリカ大陸から絶えずシチリアに侵入したこともあろう。

肌が白く、背が高い、紅毛碧眼のシチリア人を目にすることもある。北フランスからシチリアに辿りついたノルマン人の子孫であろう。ノルマン人は忠実な家臣を確保するために、北イタリアから数多くシチリアに植民させている。かれらが使用した言語が今もガッロ・イタリア語として残っている。

パレルモの歴史的中心地には、イタリア語・アラビア語・ヘブライ語の三ヵ国語で広場や通りの名前を記した標示板がある。それは、パレルモの歴史的な多民族社会の「記憶の場」であり、多文化社会の未来を希求するものである。しかし、反ユダヤ主義者や難民を排斥する人によって、標示板が破壊される事件が、今起こっている。

シチリアの奥地に入ると、オスマン帝国の拡大から逃れてシチリアに住み着いたアルバニア人の町ピアーナ・デッリ・アルバネージが存在する。そこではギリシア正教の教会があり、現代イタリア語のかたわらでアルバニア語が日常的に使用されている。アルバニア人という意味の、アルバネーゼという苗字をもつ人も少なくない。

歴史的に多様な人種や文化が混在する、「カオス」とさえ形容されるシチリアは、知的好奇心を掻き立てる特別な場所、トポスである。それこそがシチリアの魅力に他ならない。

シチリアは、世界の各地域と相互に交錯する歴史を照射することが出来るグローバル・ヒストリーの格好の対象である。グローバル・ヒストリーは、地中海世界、そしてシチリアの歴史を理解するための、ブローデルのいう、「いま一つの方法」である。

地中海世界という広域の文脈のなかにシチリアを設定し、長くて、複雑な各時代を輪切りにするのではなく、つなげることによって、広範囲な相互連関と人種・宗教・文明が重層的に交錯するシチリアの歴史的特徴を明らかにすることが可能になり、ヨーロッパ中心の世界とは異なる歴史が見えてくる。

三〇〇〇年の歴史をたどる

本書は、ギリシア人がシチリアに植民市を拓いた前八世紀から、イタリアのなかで特別自治州となった今日まで、長い時間をカヴァーする。その約三〇〇〇年の各時代の代表的な人物、事件とともに、各時代の特質について、導入的な概要を述べておこう。

シチリアをめぐって最初に争ったのは、フェニキア人とギリシア人であった。ギリシア人が東南部に次々と植民市を建設し、勢力を拡大すると、西部に交易の拠点を置いていたフェニキア人との衝突が起こった。

ギリシア人に続いて、シチリアを支配したのはローマ人である。ローマ人は、地中海の覇権をめぐって、フェニキア人が建てたカルタゴと争って勝利をおさめ、シチリアを最初の属州とした。シチリアを「ローマの穀倉、ローマ平民の乳母」と呼んだのはローマ元老院の議員カトー（大カトー）である。

　中世に入ると、イスラーム教徒が、灌漑《かんがい》施設を設け、シチリアをオレンジの花の咲く地にかえた。イスラーム教徒は、シチリアとアジア、スペインなどの通商ネットワークを発展させ、当時の先端的な文明をシチリアにもたらし、一二世紀ルネサンスをパレルモで準備した。イスラーム教徒はさまざまな分野に変革をもたらし、それらが今もシチリアに深く根付いていることから、シチリア史をイスラーム支配時代から記述する歴史家もいるほどである。

　シチリアを支配するイスラーム教徒を屈服させたのは北フランス出身のノルマン人である。かれらはシチリアの名を冠した王国、シチリア王国を建て、地中海世界で政治的・文化的・経済的に君臨した。現在のシチリア人の歴史的・文化的な拠り所は、このシチリア王国にあるようである。

　ノルマン人に代わってシチリアを支配するのは、ドイツのホーエンシュタウフェン家である。「世界の驚異」と呼ばれ、中世の君主の枠におさまらない、神聖ローマ皇帝にしてシチリア王のフェデリーコ二世（ドイツ語でフリードリヒ二世）は、シチリアの歴史を語るうえで、欠かせない人物の一人である。

　ノルマン人が約一三〇年、ホーエンシュタウフェン家が約七〇年と、ローマ時代、のちのスペイン時代に比べれば、ノルマン人やドイツ人が支配した期間は決して長くないが、シチリアに残したものは大きい。

　ホーエンシュタウフェン家の後、シチリアは教皇派のフランスのアンジュー家が支配することになる。しかし、アンジュー家は、ヴェルディが作曲したオペラ『シチリアの晩禱《ばんとう》』で広く知られるようになった同名の事件で、シチリアから放逐される。

アンジュー家に続いて、シチリアはアラゴン・スペインによる長くて暗い時代に入る。シチリアではイベリア半島との関係が強まり、イタリア半島とは異なる歴史的展開を見ることになる。対抗宗教改革である異端審問所が導入され、古くからシチリアに住み着いていたユダヤ人はローマ、ピーサ、ヴェネツィアに逃れた。

オスマン帝国が勢力を拡大すると、シチリアはキリスト教世界の防波堤となった。大航海時代にスペインが「太陽の沈まぬ国」として世界最大の植民地帝国になると、商業活動の中心が地中海から大西洋に移り、シチリアは重要性を失い、ヨーロッパの周縁となる。

一八世紀にはいるや否や、シチリアはヨーロッパの国際政治にチェスのコマを動かすように翻弄され、三十数年間に四度も支配者が交代した。ハプスブルク家・ブルボン家時代に、啓蒙的改革が始まり、異端審問所が廃止される。

フランス革命、ナポレオン支配という激動のヨーロッパにあって、イタリア半島がフランスの支配下に置かれたのに対して、シチリアはイギリスの保護下に置かれた。このときもまた、シチリアはイタリア本土と異なる歴史を経験した。

ナポレオン失墜後の一八一六年に成立した両シチリア王国の時代に、首都がナーポリにおかれた。シチリアは、ナーポリからの分離独立を要求するようになるが、その時期にイタリア本土で高揚していた、オーストリアからの独立とイタリアの統一運動、すなわちリソルジメント運動にシチリアも巻き込まれていった。

イタリア併合から現代まで

シチリアとリソルジメント運動の関係で欠かせないのが赤シャツの英雄ガリバルディである。かれの率いる義勇兵部隊がブルボン軍を撃破し、シチリアはイタリアに統合された。自由の戦士として、ガリバルディを熱狂的に迎えたシチリアの興奮は瞬く間に消え、イタリア政府に対する不満がマグマのようにあふれ出ることになる。一九世紀末から、よそ者を受け入れるだけだったシチリアは、アメリカなど海外に大量の移民を出すことになる。

第二次世界大戦末期、シチリアに上陸したよそ者は、パットン将軍・モントゴメリー将軍の率いる連合軍であった。その時、イタリアからの独立を掲げた「シチリア独立運動」が躍り出て、ムッソリーニに弾圧されていたマフィアも燦然《さんぜん》と蘇った。

戦後、奇跡の経済復興で沸き立つ北イタリアの諸都市に、シチリアは国内移民を送り出すことになる。現在、シチリアは、イタリアの一部であるが、完全に国民国家に収斂されるのではなく、特別自治州として、大幅な自治権を獲得している。

歴史的に絶え間なく侵入したよそ者と、宗教・文化の相互交錯の過程で、シチリア主義とも呼ばれる、シチリア人の誇り高いアイデンティティが形成された。それについて、最後に「『シチリア人』の自画像」として論じている。

そして今、シチリアには新たなよそ者が押し寄せている。定員をはるかに超える小さなゴムボートで、北アフリカのリビア沿岸を出発し、イタリア最南端のランペドゥーザ島にたどり着く、子どもを含む難民である。

無事にたどり着くか、漂流しているところを救助されたものは幸運である。ボートが転覆し、海の藻屑となったものの数はわからない。地中海は海の墓場となっている。ジョーン・バエズは「ランペドゥーザ島はグローバル問題の象徴」と、難民支援を開始している。ヒト・モノ・情報などがやすやすと国境を越えるグローバル時代にあって、イタリアだけでなく、ヨーロッパ各国で、押し寄せる難民を前に国境を閉じようとしている。

故郷を捨て、助けを求めて逃れてくる人々に手を差し伸べることは、人の道、人道なのである。親しい友人で、難民問題に詳しい政治社会学者のジョヴァンナ・ジンコーネは、それを「人間としての義務」、とわたしに語った。シチリアは、まさにグローバル化した世界の台風の目となっている。

シチリアの歴史には、多様な征服者にともなって、ギリシア語・ラテン語・アラビア語・フランス語・ドイツ語・スペイン語・イタリア語が登場し、時代によって地名は変化しているケースも多々ある。本書では、読者の理解しやすさを優先して、地名は原則として現在のものとし、人名は基本的に高校世界史の教科書に準ずることとした。ただ、筆者のシチリアへの切なる思い入れから、例えば、ノルマン人のロジェールはルッジェーロ、ギョームはグリエルモと、フランス語ではなくイタリア語表記とした。他方、アンジュー家のシャルルはフランス語で表記している。

第一章

地中海世界と神々の島

ヨーロッパ、アフリカ、西アジアのあいだに挟まれた地中海は、古代からさまざまな民族や文化の相互交流が絶えることなく、一つの独自の文化圏を形成した。

地中海の中央に位置するシチリアの西部地域に、紀元前一〇世紀頃からフェニキア人が交易の拠点を築き、前八世紀にはギリシア人が狭隘《きょうあい》なポリスから新天地を求めて渡来し、東部地域を中心に植民市を拓いた。ギリシア人は、母市に劣らない壮大な神殿を建設し、シチリアにヘレニズム文化をもたらした。

ギリシア人は、北アフリカを中心に地中海を制した通商国家・カルタゴを建てたフェニキア人を、シチリアから追放することが出来なかった。かれらを打ち破ったのはローマ人である。シチリアを含む西地中海の覇権を握ったローマ人は、地中海世界と呼ばれる、一つの歴史的な世界をつくり出した。

西ローマ帝国の末期以降、シチリアはゲルマン人の一部族であるヴァンダル人や、東ゴート、ビザンツ帝国などに支配される。七世紀にアラビア半島に起こったイスラーム教の勢力は、中東を征服し、地中海地域やシチリアへ侵攻した。

1　ギリシアの植民市時代

ギリシア人の渡来

天候に恵まれた春から夏にかけて、ギリシアを出発した船は、東風で帆を張って、エーゲ海からペロポネソス半島西岸を通り、イオニア海に出て、地中海沿岸に到達した。ギリシア人は、プラトンの表現によれば、「沼地の周りに生息する蛙」のように、地中海の沿岸に住み着いた。遠くは南フランスのマルセーユ（マッサリア）、ニース（ニカイア）に、イタリア半島ではナーポリ（ネアポリス）、ターラント（タレントゥム）などに、ギリシア人は植民市を建設した。

シチリアにおけるギリシア人の植民市の建設について、トゥーキュディデースは、『戦史』（久保正彰訳『戦史』岩波文庫、下巻、一九六七年）で、次のように記している。

ギリシア人の中で最初にやって来たのは、エウボイア島のカルキス人であった。かれらはトゥークレースを植民地創設者にいただいて渡来すると、ナクソス市を建設し、現在のナクソス市の外側にある、開国神アポローンの祭壇をこの時に建立した。（中略）それから一年おいて、コリントスのヘーラクレイダイ一門のアルキアースが、シュラクーサイ市を建設した。かれは、今は市の内郭となり島ではなくなっているが、かつては島であった場所からシケロス人を駆逐して、市を建てたのである。

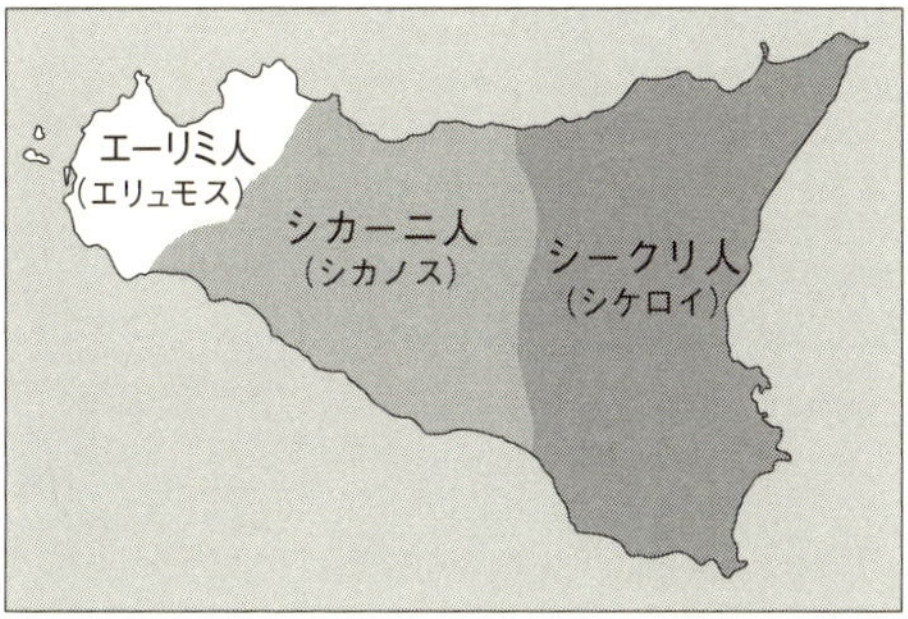

ギリシア人が渡来したころのシチリアの先住民の分布図

やがて陸に面するその外側にも城壁が築きめぐらされてからは、住民も多くを数えるに至った。他方、トゥークレースをいただくカルキス人らは、シュラクーサイが建設されてから五年目に、ナクソスを基地としてシケロス人と戦い、これを駆逐してレオンティーノ市を建設、つづいてカタネーを建設した。カタネー人は、自分たちの植民地創設者としてエウアルコスをえらび、その指示に従った。

シチリアに最初に植民市を建設したギリシア人は、伝承によれば、トロイ戦争から戻った戦士たちであった。実際には、新しい市場を求める商人、一攫千金をめざす冒険家や海賊、政争で敗北したもの、家族を養うだけの土地も財産もない戦士などであった。かれらは、一〇〇人くらいの規模で「母市」のポリスを出発し、新天地をめざした。オリンポスの神々であるギリシア神話の主神ゼウス、太陽神アポロンといった守護神を広める神官も含まれていた。まれに女性が含まれていたが、ほとんどが男性であった。

ロムルスによってローマが建国されたばかりのころ、女性が少なかったので、子孫を残し、国を発展させるために、ローマ人は近隣に住むサビニ人の女性を大量に略奪し、ローマ人の子どもを産ませた。それと同じように、ギリシア人もシチリアの先住民の女性を略奪し、結婚したことであろう。そのことで、シチリアの先住民とギリシア人の混血が進行したことはいうまでもない。

ギリシア人がシチリアに渡来した時、シチリア東部にはインド・ヨーロッパ語族のシークリ（シケロイ）人、中部と西部には地中海人種のシカーニ（シカノス）人、エーリミ（エリュモス）人と呼ばれる先住民がいた。

植民市の建設

ギリシアからシチリアに渡来したのはアテネなどに住んでいたイオニア人、エーゲ諸島に住んでいたドーリア人などである。かれらは、前七三四年から前六八八年にかけて、まず東部沿岸に、続いて北部、南東沿岸に植民市を建設する。西部地域では、フェニキア人がすでに進出していたので、植民市は建設されなかった。

植民市のほとんどが水源のある、海賊や先住民との戦いに適した土地であった。最初の植民市は、エウボイア島のハルキスから渡来したイオニア人が建設した、シチリア東部の現在のタオルミーナに近いナッソである（前七三四年）。

ギリシア植民市の分布図

ナッソに続いて、ドーリア人が東南沿岸のシラクーサ（前七三三年）、イオニア人がメッシーナ（前七三〇年頃）を建設した。メッシーナから枝分かれしたイオニア人はレオンティーニ（前七二八年）、カターニア（前七二八年）、北東沿岸にミラッツォ（前七二八年）を建設した。ドーリア人は南部沿岸にジェーラ（前六八八年）を建設した。これがギリシア人による植民市建設の第一波である。

第二波は、ドーリア人が建設した西側のセリヌンテ（前六二七年）、カマリーナ（前五九八年）、アグリジェント（前五八〇年）である。最後の植民市はアテネが軍事拠点として前三九六年に開いたティンダリである。

狭隘な「母市」から渡来したギリシア人にとって、広大な大地の広がるシチリアは別天地であったのであろう。約三世紀半の間に、後述するフェニキア人と争ったイーメラを含めれば一二の植民市がシチリアに建設されている。

ナッソ、レオンティーニ、カターニア、メッシーナなどイオニア人の植民市と、シラクーサ、セリヌンテ、ジェーラ、アグリジェントなどドーリア人の植民市の二つのグループは政治的に対立し、のちにアテネのシチリア介入を招くことになる。

ギリシア人の植民市

植民市は「母市」にならって住民の平等を原則としていた。政治は出自や財産額によって選ばれた者が担った。植民市は、それぞれに独立した都市国家、ポリスとして、「母市」と一体化した国家をつくることも、ギリシア人による統一国家をシチリアに樹立することもなかった。

植民市はしだいに「母市」から自立していくが、経済的、とくに宗教的な関係は維持していた。植民市は小麦、オリーブ油、ワイン、木材などを「母市」に輸出している。「母市」は、陶器、農業・建築技術をシチリアにもたらした。

農業や交易で富を蓄積した植民市は防衛のために城壁を築き、神殿を建てた。ギリシア時代のシチリアを神々の島と呼ぶことがあるが、それはそれぞれの「母市」の神を祭る、今も残る壮麗な神殿が建てられ、シチリアがギリシアの神々に覆われたことによる。巨大な神殿は、「母市」とのつながり、市民の調和、神々の慈愛のシンボルであった。富の象徴でもあった壮大な神殿は遠く沖合からも見え、植民市の力を誇示した。

植民市には、「母市」と同じように、住民が住む商業や集会の中心地アゴラに通じる大きな道がつくられ、下水道も整備された。円形劇場、競技場、プールもつくられ、運動競技が振興された。それらの建設のために、「母市」から技術者が呼び寄せられ、先住民や地中海世界のさまざまな地域から連れてこられた奴隷が使われた。植民市は本国で開催されるオリンピックにも参加し、「母市」の重要な宗教的祭日に代表を派遣している。

シチリアはギリシア語とギリシア文明に覆われることになる。ギリシア人が支配した東部はもちろんのこと、エーリミ人が住んでいたセジェスタにもギリシア語が導入されたように、シチリアの言語・文化の統一が進行した。セジェスタとセリヌンテでは先住民のエーリミ人とギリシア人の結婚が法的に認められ、先住民との人種的混合が進んだ。

僭主時代のシチリア

ギリシアの「母市」で貴族制から民主制に移行していた時、シチリアの植民市では僭主《せんしゅ》制が始まっている。植民市を建設したガモロイと呼ばれる指導者の後継者、政治的・軍事的に突出したものが僭主として植民市を支配するようになる。

最初に僭主制が誕生したのはレオンティーニである（前六〇八年）。その後、前四八四年には、ジェーラのジェローネ（イエローネ）がシラクーサを制圧し、ジェーラの住民の大半を移住させ、軍事力を強化し、支配地を南部と東部の沿岸地域に拡大した。

肥沃な土地に恵まれたシラクーサは、ジェローネの時代（前四八五〜前四七八年）に、穀物の輸出によって栄え、二〇万人の人口を持つ、シチリアで最も重要なギリシア植民市となった。そのことは、ペルシア戦争に際してギリシア本国がシラクーサに援軍を要請したことからも分かる。シラクーサに対抗できたのが、セリヌンテ、イーメラに勢力を拡大していたアグリジェントであった。

フェニキア人の活動

セム族の商業の民であるフェニキア人は、前一二世紀頃から盛んに海上交易を行い、北アフリカからイベリア半島まで進出し、地中海全域を舞台に活躍していた。その交易活動にともなって、アルファベットの元となるフェニキア文字などの、古代オリエントで生まれた優れた文明が地中海世界全域に伝わった。地中海のほぼ全域に数多くの交易地を建設したフェニキア人は、ギリシア人の渡来以前からシチリアでも先住民と活発な交易活動を行っていた。なお、フェニキア人は前九世紀初頭に現在のチュニスの近くにカルタゴを建設している。

フェニキア人は、ギリシア人がシチリア東部に植民市を建設し始めると、西部に住む友好的なエーリミ人と同盟して、交易拠点を城塞化し、シチリアに定住するようになる。その代表的な都市の一つがパレルモで、前五世紀にはフェニキア人の主要拠点の一つとなった。その他に、シチリア西部のエーリチェ、マルサーラ（リリベーオ）などを活動拠点とした。シチリア最西端のマルサーラの沖に浮かぶ小島モツィア島では、前七世紀のギリシア製陶器が発見されていることから、初期の段階ではギリシア人とフェニキア人の間には交易があったと考えられている。

イーメラの戦い

ギリシア人が西部にも勢力を拡大すると、フェニキア人との対立が激化した。僭主ジェローネが支配していたシラクーサは婚姻関係を通じてアグリジェントと同盟を強化し、前四八〇年、カルタゴが占領していたイーメラを攻撃した。イーメラの戦いは、くしくもギリシア艦隊が地中海支配の命運をかけてペルシア艦隊と戦い、勝利を収めたサラミスの海戦と同じ日であった。

ヘロドトスによれば、イーメラの戦いでカルタゴの船は焼かれ、捕らえられたものは奴隷として売られた。イーメラの勝利によって、シチリアは一時的にカルタゴの脅威から解放された。しかし、イーメラの雪辱を期して、カルタゴの大軍がアグリジェント、シラクーサ、イーメラなどを攻撃した（前四〇九～前四〇五年）。カルタゴのシチリアへの攻撃はその後も続くことになる。

イーメラの戦い後、シラクーサは、アグリジェントとともに、カルタゴに対抗する地中海の一大勢力となった。シチリアのヘレニズム文明はシラクーサとアグリジェントの繁栄で頂点に達することになる。

モツィアで発掘された、フェニキア人が前６世紀ごろに作製した陶器の仮面

シチリアのヘレニズム文明

シチリアにおけるヘレニズム文明の発展は僭主時代の歴史と一致している。その時代に植民市は栄え、壮麗な神殿をふくむ芸術性の高い建築物が数多く建設された。

シラクーサに建てられたアポロ神殿、一万五〇〇〇席のギリシア劇場、オリンピアのゼウス神殿などの芸術的モニュメントは、いまも私たちを驚嘆させる。アグリジェントの「神殿の谷」には、芸術と建築の最高傑作ともいえる七つのドーリア式の神殿遺跡がある。そのなかでとりわけ目を引くのは、前五世紀に建てられたドーリア式の壮観なコンコルディア神殿である。六世紀からキリスト教の教会として使用されたこともあり、保存状態が良い。その他に、今も八本の円柱が残るヘラクレス神殿などがある。

アグリジェントのコンコルディア神殿

セジェスタの神殿

セリヌンテのヘラ神殿（上）と、神殿から出土した「ゼウスとヘラの神婚」のレリーフ（下）

シチリア西部のトラーパニ県にあるセジェスタの神殿は、イーメラでカルタゴを打破した後に建てられたもので、奴隷となったカルタゴ人が建設に投入された。孤立した場所にあることで、保続状態がとりわけ良い。この神殿を、筆者は、一八六〇年にガリバルディ率いる義勇兵部隊とブルボン軍が戦いを繰り広げたカラタフィーミの丘から見下ろしたことを覚えている。

セジェスタと同じくトラーパニ県にあるセリヌンテでは、いくつもの神殿のなかでヘラ神殿の壮大な列柱が復元されている。セリヌンテに住んだ人々は誇らしげに神殿を見上げ、海から訪れた人々はセリヌンテの繁栄に驚嘆したことであろう。

「シチリア的な服装」

古代ギリシアの世界で、富、豪奢、享楽と同義語であった「シチリア的な服装」とは、シチリアの富裕者が着ていた色どり鮮やかな布地を使用することであった。

広大な農地に恵まれ、繁栄するシチリアのギリシア植民市について、プラトンは、「羨ましくも、豊かな食卓や宴会の生活を経験する」という意味で、「シチリア式に生きる」と述べている。

「母市」から呼び寄せた第二世代、第三世代のなかには、職人だけでなく、一流の芸術家、哲学者、文学者が含まれていた。アテネ出身の悲劇詩人アイスキュロスは、サラミスの海戦について書いた『ペルシア人』をシラクーサで上演し、ジェーラで亡くなっている。

ギリシアのレスボス島出身の女性抒情詩人サッフォー（サッポー）はシラクーサに政治亡命している。プラトンはサッフォーの詩を高く評価し、アポロンに仕える「十番目の芸術の女神（ムーサ）」と呼んでいる。

シチリア生まれのギリシア人芸術家や哲学者もいる。その一人が、アグリジェントに生まれた自然哲学者、医者、政治家であったエンペドクレスである。かれの逸話として有名なのは、「知者の一人も見いだせない」というものに対して、「当然だ、知者に出会うには、まず自らが知者でなければならない」と答えたというものである。

エンペドクレスの死について、一九世紀のドイツの詩人で古代ギリシアの哲学に傾倒したフリードリヒ・ヘルダーリンは、神と一体となるためエトナ火山に飛び込み自死を遂げたという逸話を主題に、未完の戯曲『エンペドクレス』を書いた。なお、ヘルダーリンはシチリアを訪れたことはなかった。

2　シラクーサとアテネの抗争

先住民シークリ人の反乱

ギリシア人の勢力拡大に、シチリアの先住民が無抵抗であったわけではない。シラクーサがシチリア東部で支配を確立する前五世紀まで、ギリシア人は放牧や農業で生活していたシークリ人と良好な関係を保っていた。シチリアの臍《へそ》といわれる島の中央部にあるエンナまでギリシア化され、ギリシア文明が広まると、その地に住んでいたシークリ人、シカーニ人は奥地に移住させられるか、ギリシア人の奴隷となった。

イーメラの戦いの後、シークリ人のカリスマ的な指導者ドゥチェツィオはギリシア人に対する反乱を起こし、「シークリ人同盟」を結成した。ドゥチェツィオはシラクーサ軍の反撃によってコリントに逃れ、その後、再びシチリアに戻って反乱を起こすが、最後は捕まって殺された。

アテネのシチリア介入

シラクーサはカルタゴをイーメラで撃破し、シークリ人の反乱を鎮圧したが、新たな敵と戦うことになる。それはギリシア本国のアテネであった。アテネを中心とするデロス同盟とスパルタを中心とするペロポネソス同盟の戦争、いわゆるペロポネソス戦争（前四三一～前四〇四年）はシチリアの植民市も巻き込んだ。

アテネと友好関係にあり、デロス同盟を支持するレオンティーニは、前四二七年、ペロポネソス同盟を支持するシラクーサから攻撃を受けた。レオンティーニの支援要請を受けたアテネが紛争に介入し、戦いはシチリアを二分する戦争へと発展した。レオンティーニにはカターニア、カマリーナ、ナッソが、シラクーサにはイーメラ、メッシーナ、ジェーラが加わった。アグリジェントは中立を保った。

アテネは二〇隻からなる艦隊をシチリアに派遣し、二年にわたってシチリアに駐留した。前四二四年に、アテネの介入を招いた植民市の抗争を解決し、シチリアをアテネから防衛するために、「シチエリオーティのポリス」(シチリアの植民市)の代表がジェーラに集まり、平和会議を開き、シチリア支配を狙うアテネを批判し、いかなる外部の干渉も受けないことを決議した。

ヘルモクラテスの演説

シラクーサ代表ヘルモクラテスが行った「シチリア人にシチリアを」という火を噴くような演説は参加者に強烈な印象を与えた。その演説はトゥキュディデスの『歴史1』(藤縄謙三訳、京都大学学術出版会、二〇〇〇年)に記されている。

シケリア(シチリア)人諸君、ここで私が演説するのは、決して最も弱小なポリスや最も戦争に苦しんでいるポリスの代表としてではない。むしろシケリア全体にとって最上だと思われる意見を、共通の利益のために表明しようとしているのである。(中略)吾々は隣人同士であり、海に囲まれた一つの国土の共住者であり、シケリア人という一つの名称によって呼ばれているのである。

その上で、ヘルモクラテスは次のように語った。「ギリシア人の中で最大の軍事力を保持」するアテネは、「同盟という合法的な名目のもとに」、植民市間の対立を利用して、シチリアを支配下に置こうとしている。植民市の分裂と対立による戦いこそがシチリアを滅ぼす最大の原因である。アテネは、「吾々が共有している財産を狙っている」のだ。アテネが狙っている全シチリアを救うには、われわれが「和解すること」である。「かくして戦争は戦争によって終わるのではなく、紛争は平和によって苦労なしに停止されるであろう」。「平和については、万人によって最上のものと同意されているのだから、これを吾々自身の間でも達成するのに何の異存があろうか」。それによって、アテネ軍の介入および植民市の争いからの解放という「二重の福利をシケリアに確保することになり、更に将来に向けては、この島を吾々自身の間で自由なものとして享有し、外部の者から狙われる危険を少なくすることができよう」。

ここでいうシケリア人とはシチリアに住むギリシア人のことである。ヘルモクラテスはシチリアに住むギリシア人であるシチェリオーティと、エラーデというギリシア本国のギリシア人を区別し、外部勢力に対するシチェリオーティの連帯を訴えた。それは、文化的・政治的な共通性を持ちながらも、シチリアに介入し、支配しようとする専横的なアテネに対する反発に他ならなかった。

そして現在、アルキメデスのようにシチリア生まれのギリシア人を何と呼ぶのかと、シチリアの知人に聞いたことがある。答えはギリシア人でもシチリア人でもなく、シチェリオーティ、すなわちシチリアに住んだギリシア人であった。

アテネの二度目の介入

アテネとの同盟関係にあった植民市もヘルモクラテスの主張を受け入れ、アテネもまたそれを認め、軍を撤退させ、植民市の間で講和が締結されたが、平和は持続しなかった。

セリヌンテとセジェスタの間で衝突がおこり、シラクーサがセリヌンテを支援したことで、アテネがシチリアに再介入した。ペロポネソス戦争が停滞していたこともあり、アテネは二五〇隻の船団と二万五〇〇〇人の兵士からなる大軍をシチリアに派遣した（前四一五〜前四一三年）。

アテネはシラクーサを包囲する。窮地に陥ったシラクーサは、スパルタの援軍も得て、アテネ側に壊滅的な打撃を与えた。その時、トゥキュディデスによれば、数多くのアテネ軍兵士が石切り場の洞窟に閉じ込められ、亡くなった。生き残った者は、馬のように焼き鏝《ごて》で烙印《らくいん》が押され、奴隷として売られた。勝利したシラクーサの威信はさらに高まり、シチリア支配をさらに強固なものとした。

シラクーサの盛衰

シチリアと地中海を支配したシラクーサの盛衰を、僭主を通じてみてみよう。カルタゴとの戦いで手柄を立て、軍の最高指揮官となったディオニュシオス一世はシラクーサの全権を掌握して、僭主となった。アリストテレスによれば、かれはデマゴーグをつうじてシラクーサの支配権を掌握した残虐で、猜疑心の強い、執念深い暴君であった。しかし実際は、ディオニュシオス一世は温情ある政治を行い、シラクーサを豊かにし、壮大な建築物をつくり、芸術家たちを輩出させている。

ディオニュシオス一世はカルタゴの拠点の一つであるモツィアを支配下に置き、カルタゴの攻撃に備えてシラクーサに城塞建築の傑作といわれるエウリアーロ城を築いた。

かれは、南イタリアにも遠征し、ローマに対抗していたラティウム人を支援して、アドリア海をシラクーサの海とした。また、スパルタと同盟を結んだディオニュシオス一世は、ギリシア本国にも介入し、ペルシア、スパルタと地中海を三者で分割支配している。ヨーロッパのアレクサンドロス大王と称されたディオニュシオス一世は、「イタリアとシチリアのギリシア人を支配した最も強力な君主」といわれ、シラクーサは西洋で最も強力な王国と見なされた。

「ダモクレスの剣」伝説

ディオニュシオスの名は「ダモクレスの剣」の伝説でも知られる。ディオニュシオス一世に仕え、媚びへつらう追従者《ついしょう》ダモクレスが招待された宴へ参列すると、天井から今にも切れそうな細い糸で剣がつるされていた。それは、ディオニュシオスの地位と命がいかに危険をともなうものであるかをダモクレスに示すものであった。「ダモクレスの剣」は、人がつねに脅かされ、確実な安寧は存在しないという意味の故事であるが、アメリカのケネディ大統領が一九六一年に国連で行った、「老若男女あらゆる人が、核というダモクレスの剣の下で暮らしている」という演説でも知られている。

ディオニュシオス二世とプラトン

三〇歳足らずで僭主となり、「青年ディオニュシオス」と呼ばれるディオニュシオス二世には父親の器はなく、シラクーサを混乱させた。

プラトンは、ソクラテスの刑死（前三九九年）後、南イタリア、シチリアを遍歴し、シラクーサを訪れている。その時、かれは、「青年ディオニュシオス」を補佐していた親族のディオンと知り合った。かれは、当時二二歳と若く、美男子で、プラトンの寵愛の対象となった。

ディオンは、アカデミア学園で活躍していたプラトンの招聘をディオニュシオス二世に求めた。かれは、プラトンが『国家』で展開した理想国家の統治者、哲人王についてディオニュシオス二世に説き、シラクーサに善政を敷かせようと考えたのである。

プラトンはシラクーサを「哲人政治」を実現する約束の地と考えたのか、ディオンに懇願されて、シラクーサを再訪した。ところが、プラトンが到着してから数ヵ月後に、ディオンが王への陰謀を企てたという反対派の中傷で国外追放となった。プラトンは出国が差し止めとなり、一年後にようやく帰国することが出来た。プラトンの「哲人政治」の講話は功を奏さなかった。

それから六年後、六六歳になっていたプラトンは、ディオニュシオス二世に強く懇願され、追放されているディオンのことをおもって、三度目のシラクーサ訪問を行った。その時も、プラトンは政争に巻き込まれ、ほうほうの体でアテネに帰国している。

ティモレオンの時代

シラクーサの混乱を収拾したのは、コリントから派遣されたティモレオンである。かれは前三四三年にディオニュシオス二世をはじめとして僭主をシチリアから一掃し、カルタゴ軍を撃退した。

ティモレオンは僭主制への後戻りを防ぐために民主制を導入した。かれはカルタゴや植民市同士の争いで破壊されたシラクーサを立て直すために、ギリシア本国から大量の入植者を受け入れた。シラクーサの衰退は食い止められたが、一時的なものであった。ティモレオンの死後、シラクーサはふたたび混乱におちいった。ティモレオンが入植させたアガトクレスが反乱を起こし、民衆に貴族の土地を分配し、敵対するアグリジェントなどを攻撃した。

アガトクレスの治世

アガトクレスは前三一七年に僭主制を復活させ、拡大政策をとり、自ら軍を率いてアフリカに渡り、カルタゴを攻撃した。かれは「シチリア人の王」と自ら名乗り、ローマの攻撃を受けていた南イタリアのギリシア植民市に援軍を派遣し、プーリア地方まで兵を進めた。アガトクレスが死去すると、シラクーサは危機に陥った。

シラクーサは、南イタリアに進出していたローマに対抗するために、ギリシア北西のイピロス（バルカン半島西南部のイオニア海とピンドス山脈に挟まれた、現在のアルバニアとギリシアにまたがる地域）の王ピュロスに助けを求めた。かれはシチリアからカルタゴを排除したが、シラクーサの劣勢を挽回することは出来なかった。

ピュロスの将軍であったジェローネ二世（ヒエロン二世）は、ピュロスが二年余りでシチリアを去ると、シラクーサ軍の総指揮官となった。かれは、メッシーナを攻略し、シラクーサの脅威となっていた南イタリアの、ローマ神話の軍神マルスの子どもを意味するマメルティーニ傭兵部隊を破る。しかし、そのことがローマとカルタゴの軍事介入を招き、第一次ポエニ戦争の原因となった。

ジェローネ二世の治世に活躍したのがアルキメデスである。かれが入浴中に、アルキメデスの原理を思いつき、感動のあまりに、ギリシア語で「エウレカ！　エウレカ！」（発見したぞ！　分かったぞ！）と叫びながらシラクーサの町を裸で駆け巡ったという話を覚えている人は多いであろう。その話の真偽は別にして、かれは現在のシラクーサの旧市街地オルティージャ島に生まれた。

ジェローネ二世は、ローマのシチリア進出に対抗してカルタゴと同盟し戦い、敗北した。シラクーサはゆっくりと衰退することになる。

3　ローマの最初の属州

ローマのシチリア進出

ローマはシチリアをアフリカ進出の橋頭堡《きょうとうほ》とし、カルタゴに代わって地中海支配を確立することを考えていた。ローマがシチリアに上陸したのは前二六四年のことである。その発端は次のようなものである。

前述した南イタリアに拠点をおくマメルティーニ傭兵部隊がメッシーナを占拠すると、シラクーサが反撃した。マメルティーニはカルタゴに支援を求めたが、過大な見返りを要求されたので、ローマに支援先を変えた。そのことがローマによるシチリア介入の切っ掛けとなった。

ローマはカルタゴの拠点の一つであるマルサーラを攻略し、西部地域を占領した。第一次ポエニ戦争が始まった。シチリア生まれのギリシア人歴史家ディオドロスは、第一次ポエニ戦争に関連して、「シチリアは（ローマ）帝国の拡張に非常に貢献することが出来た最も高貴な、最も華麗な島である」と、ローマが地中海支配を完成した前一世紀後半に、回顧的に記している。

シラクーサ陥落

ローマはシチリアを最初の属州とした。属州とは、イタリア半島以外のローマの征服地を意味する。ローマは、コンスル（執政官）に次ぐ公職である軍事・司法・民政の全権を有する法務官（プラエトール）をシチリアに配置した。ローマの支配下に置かれたシチリアは、ローマ帝国建設に貢献することになる。初期の段階で、ローマはギリシア植民市に自治と独立を認め、決定的な攻撃を回避していたが、第二次ポエニ戦争を境に、シチリア支配が弾圧的になる。

カルタゴはアルプスを越えてイタリアに侵攻し、南イタリア・シチリア諸都市を一時的に支配する。初戦の快進撃によって、カルタゴの勝利を信じ、ローマに反旗を翻す植民市があらわれた。カルタゴと手を組んだシラクーサはローマ軍の攻撃を受けた。ローマ軍は城壁で囲まれた、難攻不落のシラクーサ攻略に難渋したが、狩猟の女神アルテミスの祭りで警備が手薄になったところを狙って、城壁をよじ登り、入城した。

その時、数学者にして天文学者のアルキメデスは、シラクーサ軍指揮官としてローマ軍と戦い、命を落とした。ローマ軍では著名なアルキメデスに危害を加えないようにという指示が出ていたが、兵士が幾何学の数式を砂の上に書いていた人物をアルキメデスと認識できずに殺害した。アルキメデスは、「私の数式をこわすでない」と、近付いたローマ軍兵士に叫んだという。世界で一番美しいと言われたシラクーサは一八ヵ月の攻防の末、ローマの軍門に降った。

勝利したローマ軍は、シラクーサの神殿から取り外した彫刻など大量の芸術作品を掠奪し、ローマに運んだ。シラクーサに従ってローマに反旗を翻した植民市も見せしめとして厳しい懲罰をうけた。

シラクーサの陥落から二年後、アグリジェントもローマに征服された。ローマはギリシア植民市を支配下におき、シチリアに行政・司法の統一をもたらした。行政・財務・治安を担当する行政官が、西部のマルサーラと、東部のシラクーサに配置された。マルクス・トゥルリウス・キケローは「外国の地を支配するのはいかに素晴らしいことか」と述べたという。

ローマは、貢献度に応じて、それぞれに格差をつけて、植民市に分割統治をおこなった。メッシーナ、タオルミーナなどは、ローマと良好な関係にある植民市として、自治が認められ、完全な市民権が認められた。パレルモ、セジェスタなどは、市民権は認められたが、軍事・裁判などは認められなかった。アグリジェント、カターニアなどは市民権も自治権も認められなかった。これ以外に、ローマに抵抗したチェンソリアーエ censoriae と呼ばれるシラクーサ、セリヌンテは、土地を没収され、厳しい支配を強いられた。その数は二五あるいは二六であった。

大土地所有制の誕生

シチリアの歴史を長きにわたって特徴づけることになる大土地所有制（ラティフンディウム）は、ローマの支配領域の拡大期に属州で広く行われたものである。

ギリシア植民市から没収した農地の所有者となったのはポエニ戦争後にシチリアに住み着いた騎士である。元老院議員と市民の中間に位置する騎士は、戦争で荒廃し、未耕作地として放置されていた広大な農地を分与された。戦利品としてのカルタゴ人奴隷が労働力として耕作に従事させられた。

騎士は、徴税請負人として、十分の一税・家畜税・入市税・港湾税などあらゆる税を徴収した。かれらは、契約以上の額を徴税して私腹をこやし、大土地所有者となっていった。共和政時代に、シチリアの耕作可能な土地のほとんどがローマの貴族所有となった。その貴族数は一万三〇〇〇人近くに上った。

西ヨーロッパでは、ローマ共和政末期から帝政期にかけて、ローマ領の拡大が終わり、奴隷の供給が途絶えたことで、解放奴隷の一部や没落した中産農民である小作人（コロヌス）を労働力とするコロナートゥス制に変わる。

シチリアでは、中世になると大土地所有地は封建領主の所領となり、近代では貴族の所有地として、奴隷にひとしい農民の労働に支えられ、存続した。シチリアの富と権力の象徴となった大土地所有地は、所有者である少数の貴族階層と圧倒的多数の被支配者である農民の主従関係において、民衆の意識を長期にわたって規定することになる。

筆者は、大土地所有地の広さを実感するべく、パレルモ近郊の大土地所有地であった農地に立ったことがある。太陽を遮る樹木は一本もない、ふた山、三山、見渡す限りに広がる麦畑であった。半世紀も前のことであるが、当時も粗放農業で、近代的な農機具は見られなかった。小麦の脱穀は、刈り取った小麦の上を数頭のロバを歩かせておこない、アフリカから吹く湿気を含む熱い風で麦殻を吹き飛ばしていた。

刈り入れの済んだ畑には陶器の破片が落ちていた。生活の場でもない畑に陶器が落ちているということは、古代ローマの奴隷たちが使用していたものではないかと、想像をたくましくしてみた。それを拾って、持ち帰ったことは記憶しているが、今は見いだせない。

奴隷に支えられた経済

ギリシア時代でも、自由人をはるかに超える数の奴隷がいた。家庭で、農場で、工房で、公共建築物の建設現場で、奴隷を使用していた。前五世紀初頭のシラクーサには、自由人が七万五〇〇〇人、奴隷が一七万五〇〇〇人いたという。

ローマの支配地拡大で、奴隷に事欠くことはなかった。戦争に負けたカルタゴ人、ローマ軍が征服した地域の人々――スペイン人、ケルト人、シリア人、ムーア人――からなる奴隷であった。

奴隷のなかには高位にあったもの、知識人も含まれていた。ギリシア人の子孫や、税金が払えずに徴税請負人に売られたものなどもいた。前二世紀中葉に、シチリア全土で四〇万人以上の奴隷がいたとする研究がある。

頭に焼き印を押され、まゆげを剃られた奴隷は、動物以下の「もの」として扱われていた。夜明けから日没まで働かされ、夜は鎖をつけて小屋に閉じ込められた。奴隷を使用した広大な農地で耕作されたのが小麦である。

小麦はローマにとって不可欠な食糧であると同時に、保存がきく、価格操作も可能な、重要な商品であった。ローマはシチリアを穀物を中心とするモノカルチャーの地にし、「帝国の穀倉」とした。

カエサルの時代に、アグリジェント、エンナ、カルタニセッタの硫黄《いおう》の採掘が始まり、そこでも奴隷は働かされた。硫黄は冶金《やきん》、薬などに使用され、現代までシチリアの重要な地下資源である。

反乱を起こした奴隷

過酷な扱いを受けていた奴隷が、共和政末期に、二度にわたって、反乱を起こしている。最初の反乱は、前一三五年である。

シリア人であったといわれる奴隷エウノ（エウヌス）は、シチリア中央部のエンナの大土地所有者の奴隷であった。かれは口から炎を吹くという妖術で注目を集め、神から王になるというお告げを受けたといい、奴隷のなかで頭角を現した。

夏のある日、エウノはクワ、カマなどで武装した四〇〇〇人近い奴隷を率いて、地主の家を襲撃し、家族ともども殺害し、王を宣言した。エンナの町を占領した反乱奴隷はエウノを王としてあがめた。

ローマの法務官は直ちに軍隊を派遣するが、反乱は近隣地域に拡大し、わずか三日間で反乱者の数は六〇〇〇人を超えた。これに呼応するように、アグリジェントでも奴隷の反乱が起こり、エンナの反乱に合流した。反乱はシチリア全土に拡大し、逃亡奴隷も加わり、反乱者の数は二〇万人近くに達し、一時的に奴隷王国が誕生した。

ローマからの援軍を得ても反乱を鎮圧することが出来ず、奴隷の反乱部隊とローマ軍の血みどろの戦いが続いた。戦いが長期化すると、民族や文化のことなる奴隷のなかで対立や衝突が生じ、奴隷部隊は弱体化していった。三年間にわたって続いた奴隷の反乱は鎮圧された。

二度目の奴隷の反乱

エウノの反乱を鎮圧してから約三〇年後、シチリア西部のサーレミの大土地所有地で反乱が起こった（前一〇四～前一〇一年）。その反乱を組織したのは組織力・指導力に長けたサルヴィオであった。

ローマと同盟関係にある都市の住民で、不法に奴隷となったものは解放するという元老院の決定によって、八〇〇人の奴隷が自由の身となった。それによって、多くの奴隷が自由を要求するようになると、元老院はその措置を中止した。サルヴィオを指導者とする奴隷は、これに抗議してアグリジェント近郊に集結し、ローマ軍と戦った。

ローマは、北イタリアでのゲルマン人との戦いもあって、強力な援軍をシチリアに送ることが出来なかった。シチリア西部のセジェスタなどにも奴隷の反乱が広がった。その地の指導者アテニオーネは、仲間を結集して部隊を編成し、マルサーラをはじめとして、近隣の町を略奪した。

反乱奴隷によって王に選ばれたアテニオーネは二〇〇人近い騎馬兵を率いて、サルヴィオと連合し、ローマ軍と対等に戦った。この二人にはローマ支配からシチリアを解放する意志があったといわれるが、それは後世に創られた神話である。アテニオーネは戦いで亡くなり、サルヴィオはローマ軍に捕まり、流刑となった。

指導者のいなくなった反乱奴隷は、ローマ軍に徹底的に弾圧された。生き残った奴隷はローマに送られ、剣奴（グラディアトーレ）として競技場で戦わされた。見世物の剣闘の訓練を受けていた剣奴たちが、スパルタクスを指導者として反乱を起こすのは前七三～前七一年のことである。その反乱は、ポンペイウス率いるローマ軍に敗北し、生き残った者は磔刑《たっけい》にされ、ローマのアッピア街道沿いに並べられたという。

キケローによる悪政の告発

ローマの元老院議員カトー（大カトー）はシチリアを「ローマの穀倉、ローマ平民の乳母」と呼んでいる。ローマは、ブドウ酒、オリーブ油、果物、野菜などにも課税した。

税金はギリシア時代と比較して大きな違いはなかった。しかし、ギリシア人が徴収した税金をシチリアで使用したのに対して、ローマ人はそれをローマに送った。穀物に対する十分の一税は物納で支払われ、それが船でローマに運ばれた。

政治家で雄弁家のキケローが、シチリアで法務官をつとめたガイウス・ウェッレスを徹底的に弾劾した「ウェッレス弾劾演説」は有名である。

会計監査官としてシチリアに滞在したことがあるキケローは、ウェッレスがシチリアで行った「およそ可能なかぎりのありとあらゆる破廉恥な淫蕩、冷酷な刑罰、貪欲な強盗行為」を告発した。

ウェッレスはシチリアで過剰な納税を要求し、芸術作品の窃盗で私腹を肥やした。かれは銀製品に執着し、それを加工して装飾品などにした。大理石やブロンズの像を神殿などから横領した。これらは、ウェッレスの私有物になるか、貴族に売却された。キケローは、「属州シキリアを三年にわたり収奪し、シキリア人たちの国家を荒廃させ、家々から人気《ひとけ》をなくし、神殿を略奪した」と、ローマのシチリア支配を赤裸々に告発した。

ウェッレスは、自分のため、自分を守ってくれる擁護者のため、そして無罪放免にしてくれる司法官のために、三度にわたって略奪しなければならないといったという。それは、かれのシチリアでの横領や収奪がローマの政治と癒着した、根の深いものであったことを物語っている。

キケローの告発によって、ウェッレスはシチリア人に三〇〇〇万セステルスの損害賠償をおこなったが、その額はシチリアの全穀物生産価格の三〇分の一に相当するものであった。

ちなみに、ギリシア語を正確に読み書きできたキケローは、ローマへの穀物供給に尽力するが、シチリア人とも友好的で、ギリシア文化にも理解を示し、アルキメデスの墓を発見している。キケローは、人口が六〇万から一〇〇万人の間であったと推定される当時のシチリア人について、「ローマとの友好関係・保護を求めた、イタリア人でない、最初の民族」と述べている。また、ローマがカルタゴに勝ったのは、シチリア人が「軍隊の食糧という不可欠な援助」と「艦隊の基地」をローマに提供してくれたことによるとも述べている（『キケロー選集4』大西英文・谷栄一郎・西村重雄訳、岩波書店、二〇〇一年）。

しかし、シチリア人がカルタゴとの戦いで軍事的・経済的にローマに貢献したという認識はおそらく、シチリアに友好的であったキケローの個人的なもので、ローマの政治指導者に共通するものではなかったと思われる。

帝政時代のシチリア

帝政時代、シチリアは軍隊の駐屯を必要としない、プロコンスル（執政官の任期を終えた者が任命される属州の総督）と二人の行政官が統治する地となる。カルタゴとの戦争も終わり、住民も農業に専念することができるようになり、大土地所有者は狩猟に明け暮れた。

皇帝アウグストゥスの植民政策によってローマ人の移住者も増え、大土地所有者の数が増大している。そのなかで、皇帝の所有地はずば抜けて広く、それに続くのが元老院議員たちであった。かれらの所有地は、シチリアの中南部に集中していた。

アウグストゥスの治世に、十分の一税が物納から金納に替わり、アフリカからの小麦が確保されたことによって、シチリアは穀物のモノカルチャーから部分的に脱却する。穀物耕作が減少し、放牧地が拡大し、商人は地中海世界との活発な交易をおこなった。

アウグストゥス以降、元老院議員は許可を得なくても、ギリシアの芸術的モニュメントの残るシチリアを訪ねたり、ローマに住みながらシチリアの不在地主となることが出来た。シチリア人はローマ軍や行政に登用されることはなかったようだが、一世紀末にシチリア出身の元老院議員が出ている。

アウグストゥスとハドリアヌスはシチリアを訪れている。一二五年にシチリアを訪れたハドリアヌスはエトナ山に登り、暴君として名高いカリグラはシラクーサをこよなく愛したという。

道路網と豪華な別荘

土木技術に長けていたローマ人は、シチリアの沿岸都市と内陸部を結ぶ道路網も整備した。メッシーナとマルサーラを結ぶ北部沿岸のヴァレーリア道路、シラクーサ・マルサーラ間のセリヌンティーナ道路などが建設された。

幹線道路から内陸部の大土地所有地につながる道も整備された。ローマ人による道路の建設は、ギリシア語からラテン語への転換をともなうシチリアのローマ化とも関連するものであるが、のちにキリスト教の拡大にも役立った。

道路の整備によって、大土地所有者の元老院議員たちは所有地周辺に豪華な別荘を建てた。その優雅な生活の一端はいまも残っている。その一つがカターニアからアグリジェントにつながる道路から内陸部に入ったピアッツァ・アルメリーナにあるカザーレ別荘である。

三世紀末か四世紀初頭に建てられたカザーレ別荘は華麗なモザイクの床が有名で、現在は世界遺産になっている。所有者はローマの貴族で、シチリア初代知事をつとめたポプロニウスであったという説が有力である。かれは、大土地所有地から上がる莫大な収益をつぎ込んで、豪華な別荘を建てたのであろう（カザーレ別荘のモザイクについては、坂田道生の新しい研究「ピアッツァ・アルメリーナのヴィッラの《小狩猟図》について――犠牲式場面を中心に」『イタリア學會誌』第六七号、二〇一七年がある）。

メッシーナ県のパッティ・マリーナの別荘は、一九七三年に高速道路の建設中に発見され、現在も

カザーレ別荘にあるビキニ姿の少女のモザイク

発掘中である。四〇〇年頃に起きた大地震によって土に埋まったことで保存状態も良い。五〇近い部屋のある広大な屋敷の床に施された、北アフリカ出身の職人によるモザイクが発見され、ローマ時代後期の穀物生産で巨大な富を築いた大土地所有者の生活が明らかになりつつある。
ローマ時代のシチリアで、ギリシア時代のような芸術性に富んだ建築物はほとんど見られない。テルミニ・イメレーゼに残る巨大な水道橋、カターニア、シラクーサなどの円形劇場があるくらいである。

キリスト教とシチリア

キリスト教は、シチリアにどのように伝わったのだろうか。初期キリスト教の使徒、パウロは、『使徒言行録』第二八章にあるように、エルサレムからクレタ、マルタを通って、六〇年にシラクーサに到着し、そこに三日間滞在した後、ローマに向かっている。かれは、前一世紀ごろからシチリアに住んでいたユダヤ人家族のもとに身を寄せ、食糧や水を調達したと考えられる。

パウロのシラクーサ滞在がシチリアにおけるキリスト教化の始まりということはできない。シチリアにキリスト教徒の最初の集団が生まれるのは一世紀末のことである。キリスト教のシチリアへの普及はパレルモ、シラクーサ、カターニアなどに存在するカタコンベの墓碑銘からして、他の地中海地域と比べて遅く、三世紀初頭といわれる。

キリスト教徒の迫害でシチリアでも二人の若い女性が殉教している。一人はカターニアの守護聖人となったアガータで、もう一人はシラクーサの守護聖人となったルチーアである。

四世紀ごろから教会や修道院が建築され、五世紀になると奥地にもキリスト教が普及し、ギリシア神殿が教会になった。

シラクーサの円形劇場

拷問を受けるアガータを描いた版画

「征服されたギリシア人は、猛きローマに多大な影響を与えた」

ローマの詩人ホラティウスは「征服されたギリシア人は、猛きローマに多大な影響を与えた」という言葉を残している。ローマはギリシアを軍事的に征服したが、文化的にはギリシアの影響下に入ったという意味である。

共和政時代、シチリアに派遣されたローマ人役人はラテン語を使用したが、公的文書はギリシア語との併用であった。前述したキケローに告発されたウェッレスは、住民のほとんどがギリシア語を話していたので、シチリア滞在中に通訳を使用したと述べている。

帝政時代になると、シチリアでもラテン語が公用語となるが、ヘレニズムの影響の強い東部、南部地域の住民はギリシア語を使用していた。全体としてみれば、墓碑銘などからギリシア語とラテン語が併用されていたといえるが、それがどれだけの期間にわたっていたかを明らかにすることは難しい。

4　ビザンツ帝国の周縁

ローマ帝国の東西分裂

ヨーロッパ文明の基盤を築いたローマ帝国は、一世期末から二世紀後半にいたる「五賢帝」の時代が終わりを告げると、「三世紀の危機」と呼ばれる混乱に陥る。外からはゲルマン人やササン朝ペルシアが侵入し、内部では軍の推薦を受けた無数の「軍人皇帝」が乱立し、ローマ皇帝の権威は失墜した。

三九五年、キリスト教を国教と定めたテオドシウス一世（大帝）は死に際して、帝国を東西に分け、長男のアルカディウスに東を、次男のホノリウスに西を与えて分割統治させた。ここに、ローマ帝国は東西に分裂する。これ以降、帝国は統一されることはなく、東と西はそれぞれ異なる運命をたどる。

東ローマの首都となったのは、黒海の入り口にあったコンスタンティノープルである。東ローマはビザンツ帝国と呼ばれ、西ローマ帝国が五世紀後半に滅亡した後も、六世紀に地中海世界の統一を一時的に回復し、一四五三年にオスマン帝国に滅ぼされるまで存続した。

西ローマ帝国では、都をローマからミラーノ、ラヴェンナへと移し、五世紀に入るとゲルマン民族の部族国家が分立し、四一〇年には西ゴートのアラリックがローマを襲撃し、略奪した。この事件は「世界の終末」と表現されたほど、ローマ世界に大きな衝撃と恐怖を与えた。この時、辛うじてローマを逃亡して虐殺を逃れ、シチリアに辿りついたものも少なからずいた。

アラリックはアフリカに進出するためにイタリア半島の南端レッジョ・ディ・カラブリアまで軍をすすめた。しかし、伝説によれば、嵐のためにメッシーナ海峡を渡ることが出来なかったという。

ヴァンダル人の略奪と征服

シチリアの運命が変わるのは、ヴァンダル人が北アフリカのカルタゴを征服した後のことである。ヨーロッパ中央部に侵入したゲルマンの一部族ヴァンダル人はイベリア半島を通り、ジブラルタル海峡を渡り、カルタゴにヴァンダル王国を建国した。

ヴァンダル人の王ガイセリックは、四六六年、シチリアをイタリア本土に渡る足がかりとするためにマルサーラに上陸し、パレルモを攻撃し、シチリアを占領した。

しかし、ガイセリックは、西ローマ帝国の最後の皇帝ロムルスを退位させ、自らイタリア王を名乗っていたゴート族の傭兵隊長オドアケルに、シチリアを年貢と交換に譲渡し、アフリカに戻った。ヴァンダル人は短期間シチリアを支配したが、略奪以外には痕跡を残さなかった。

オドアケルは戦いを交えることなくシチリアを獲得したが、東ゴートのテオドリックがオドアケルを倒して東ゴート王国を建て、「食糧庫」としてのシチリアを獲得した。

シチリアでは、ビザンツ帝国が征服するまで、豊かで広大な土地を所有する元老院議員や、コンスタンティヌスから広大な土地を授与された聖職者たちが、文献学や天文学の研究、狩猟などをして平穏に暮らしていた。この時代に、シチリアはローマの元老院議員が行政を行い、大土地所有制も存続し、ローマとの関係が緊密であったことは確かである。

「ビザンツ人が来るわよ」

六世紀に入ると、ビザンツ皇帝ユスティニアヌス一世は、ベリサリウス将軍にローマ帝国の領土であった地域の再統一を命じた。東ゴートが支配していたカターニアとシラクーサは、五三五年、ベリサリウス軍の前に抵抗することなく城門を開いた。

シチリア人は、それをローマ帝国の復興とみなし、ビザンツ軍を熱狂的に歓迎したといわれる。その時、シチリア人がビザンツの新しい到来者に、かつてシチリアを支配したギリシア人との類似性を見出したかどうか、それは分からない。

シチリアでは聞きわけの悪い子を諭すのに、「ビザンツ人が来るわよ」という言い方がある。それは、シチリア人にとってビザンツ人は怖い存在であり、ビザンツ支配の記憶が芳しくないことを示しているように思える。

ビザンツ帝国がシチリアを支配した時代に、ローマの秩序が部分的に回復したであろう。しかし、ローマ時代と同様に、シチリアは、ビザンツ帝国の中心ではなく周縁であった。

ローマ支配によってラテン語が普及していたシチリアに、ビザンツによってギリシア語が再導入され、七〜九世紀にかけてギリシア語の書籍が数多く出版されている。

ビザンツのシチリア支配は決して堅固なものではなかったことから、教会組織が宗教的・精神的な機能以外に、行政にも参加するなど、政治的な役割を果たした。ローマ教皇とビザンツ皇帝は、大土地所有という共通の利害で当初は協力関係にあった。シチリアで生産される穀物は、ローマと同様にコンスタンティノープルにとっても重要であった。

シチリアとローマ教会との関係は強かった。ローマ教皇グレゴリウス一世（在位　五九〇〜六〇四年）は母親がパレルモ生まれであったこともあろうが、かれの書簡にはシチリアについての記述が少なからず見られる。

教皇グレゴリウス一世はシチリアとローマ教会の強い関係を構築するとともに、ビザンツとシチリアとの仲介者となろうとした。ビザンツとローマ教会はともに決定的な衝突を避けていたが、八世紀に入り、ビザンツ皇帝レオン三世がイエスや聖母マリーアなどの聖像崇拝を禁止する、いわゆる聖像禁止令（七二六年）を出したことで、対立が激化することになる。それは、聖像をつかってゲルマン人に布教活動を行っていたローマ教会と宗教上の大論争となり、政治的な対立へと発展し、後の教会の東西分裂につながることになる。

宗教論争で政治的にも対立するようになると、ビザンツ帝国はシチリアのローマ教会財産を没収し、シチリアの教会は典礼をラテン式からギリシア式に変更し、コンスタンティノープルの総主教がシチリアの教会の長となった。ギリシア正教の修道院が数多く建てられ、ローマ教会との関係は希薄になり、シチリアの「ビザンツ化」が進行した。

テマ制の導入

ビザンツ帝国は、ユスティニアヌス二世が実施していた軍制改革の一つである軍政と民政を統合する、テマ制を七世紀末にシチリアにも導入した。テマ制は領土を軍管区にわけ、その司令官に軍事とともに司法・行政の権限を与える地方統治制度であった。

テマ制は小農民に兵役義務を課すのと引き換えに、土地を与える兵農一致の屯田兵制をとった。ビザンツ帝国がローマ教会と対立し、教会所有の大土地を没収して、シリア、トルコ、ギリシア、クロアチア出身の二万人近い兵士・農民に分与したことで、中小の土地所有者が増加した。

テマ制の導入によって、家族とシチリアに住み着いたビザンツの兵士・農民は「シチリア人としての意識」を持つようになり、のちにイスラーム教徒の侵攻と戦うようになるという指摘もある。

イスラーム教徒のシチリア攻撃

ムハンマドを「最終にして最高の預言者」とするイスラーム教が、七世紀初頭に、アラビア半島に生まれた。それから一世紀もたたないうちに、イスラーム教は、東西で領土を拡大した。六三六年にビザンツ軍を撃破し、エジプトや小アジアの支配権を握ったイスラーム教徒は北アフリカを征服し、七一一年にはイベリア半島に侵入した。

東はインド、西は地中海地域、さらにスペイン、ピレネー山脈を越えてパリにまで、イスラーム教徒は、宗教と言語、すなわちイスラーム教とアラビア語が一体となった民族意識にもとづき、異教徒に対する「聖戦」をおこなった。

イスラーム教徒がシチリアを侵攻し始めるのは七世紀半ばのことである。シリアを出た一〇〇人近いイスラーム教徒がビザンツ支配下にあったシチリア東海岸に到着している。かれらは、村や町を襲撃し、ダマスカスのハーレムや奴隷市場で売るために若い女性や子どもを略奪した。

その後、現在のチュニジア、アルジェリア、モロッコにあたるマグレブに拠点を築いたイスラーム教徒がシチリアに侵入を続け、イスラームの三日月の印がついた緑の旗がはためくことになる。北アフリカの港を出航したイスラーム教徒は、八世紀中葉にシラクーサ、アグリジェントを襲撃し、神殿に逃げたシチリア人に襲いかかった。

ビザンツ勢力の西側での退潮が始まると、シチリアはイスラーム教徒の侵入にますますさらされるようになる。シチリアは重要な食糧庫であったが、遠く離れたコンスタンティノープルから防衛することは難しかった。当時、天候にもよるが、シチリアまで船団を派遣すると三〇日から一〇〇日を要した。

首都となったシラクーサ

七世紀中葉に、ビザンツ皇帝コンスタンス二世は、南イタリア、特にシチリア島を拠点として、西方での支配の再編をめざし、ビザンツ帝国の西の拠点をラヴェンナからシラクーサに移した。シラクーサは、五年間と短期間であるが、ビザンツ帝国の西側の首都となった。拡大するイスラーム勢力に対抗するために、コンスタンス二世は、シラクーサを艦隊の拠点とした。首都といっても、シチリア人にとって、宮廷・軍隊の維持費を負担することになり、もろ手を挙げて歓迎すべきものではなかった。

コンスタンス二世は、軍の指導者の陰謀で入浴中に襲われ、亡くなった。ビザンツ支配の末期、ビザンツの年代記作家は、イスラーム教徒の打ち続く侵攻によって荒廃したシチリアを、「ビザンツ帝国に見捨てられた地域」と記している。

第二章

イスラームの支配と王国の栄光

シチリアの中世は、シチリアの歴史のなかで、とりわけ躍動的で、もっとも輝いた時代である。イスラーム教徒に征服されたシチリアには、イベリア半島のトレドとともに、古今東西のさまざまな学問を融合し、発展させていた、当時の最先端のイスラーム文明がもたらされた。

イスラーム勢力を打倒し、シチリアの名前の付いた最初の王国を建てたのが、バイキングを祖先にもつ、北フランスに住んでいたノルマン人である。南イタリアをふくむ広大な領土を支配したシチリア王国は、イスラーム文明を積極的に取り入れ、いわゆる一二世紀ルネサンスを開花させた。

シチリア王国はドイツのホーエンシュタウフェン家に継承され、「世界の驚異」と呼ばれた神聖ローマ皇帝フェデリーコ二世が登場し、その後シャルル・ダンジューの支配、そして「シチリアの晩《ばん》禱《とう》」事件へと向かう。

「シチリアの晩禱」事件とは、ホーエンシュタウフェン家に代わってシチリアを支配したフランスのアンジュー家に対する反乱である。この事件は、たんに過酷なフランス人支配に対するパレルモ民衆の反乱ではない。その背景には、一三世紀の地中海をめぐるフランス・アラゴン・ビザンツ帝国・教皇庁などの複雑な利害が交錯していた。「シチリアの晩禱」事件は、この時代の教皇権と皇帝権、ローマ教会とビザンツ帝国の争いなど、当時の世界史を知るうえで、きわめて重要である。しかし、日本ではヴェルディが作曲した同名のオペラを通じて知られている程度である。外国人のフランス人を追放した晩禱事件は、一九世紀になるとナショナリズムの影響を受けて脚光をあびることになり、ファシズム時代には、教科書でも取り上げられ、子どもたちの愛国心を鼓舞した。

1　イスラームの支配

イスラームの本格的な侵入

イスラーム教徒の海賊は、七世紀中葉からシチリア東部の沿岸地域を襲撃し、略奪をおこなっていた。イスラーム教徒の組織的なシチリアへの侵入は九世紀になってからである。その切っ掛けは、ビザンツ帝国の海軍提督エウフェミオスが反乱を起こし、チュニジア（イフリーキア）のアグラブ朝のズィヤーダ・アラーフ一世に支援を求めたことである。

アラブ人・ベルベル人・アンダルシア人からなる一万人の歩兵と七〇〇人の騎士からなるイスラーム軍が八二七年、シチリア西部のマッアーラに上陸し、エウフェミオスの率いる小部隊とともに、パレルモを征服した。イスラーム軍は、シチリアの西から東に向けて、略奪と殺戮を行いながら進軍を続けた。一〇ヵ月にわたる凄絶な攻防の末、ビザンツ軍の守るシラクーサはイスラーム軍の前に崩壊した。それは、地中海の覇権をめぐるイスラーム教徒とビザンツの象徴的な戦いであった。

イスラーム教徒のシチリア支配は、タオルミーナでビザンツ軍を撃破した九〇二年から、ノルマン人の攻撃を受けて最後の砦であったノートが陥落する一〇九一年までの約一九〇年である。その間に、ワーリーあるいはアミールと呼ばれる総督がシチリアを支配する。しかし、本国での政治対立の影響もあり、各地にアミールが群雄割拠して、抗争するようになる。それに、アグリジェントなどに定住して農業に従事していたベルベル人と、パレルモ近郊に集中していたアラブ人の対立も加わった。

新たな地域区分

イスラーム時代にシチリアの地域区分が行われた。その三区分は、今でも使用されることがあるので、紹介しておこう。シチリア西部のアラブ化が最も進行したヴァル・ディ・マツァーラ、北東全域のヴァル・デモーネ、南東地域のヴァル・ディ・ノートである。この区分は、マルサーラを拠点とする西部とシラクーサを中心とする東部という古くからの区分を継承するもので、行政的なものよりは、税制に関わるものであったといわれる。

シチリアには、アラビア語起源の村落名・地名などが数多く残っている。アラビア語に語源をもつ地名三二八のうち、ヴァル・ディ・マツァーラ地域には二〇九、ヴァル・ディ・ノート地域には一〇〇、ヴァル・デモーネ地域には一九が存在する。

そのことは、イスラームの影響が西部地域で強かったことを示している。なお、イスラーム時代に、ギリシア・ローマ時代のリリベーオはアラーの港を意味するマルサーラに、エンナはカストロジョヴァンニに地名が変わっている。

シチリア人の苗字にも、アラビア語を語源とするものが多い。アラブの影響は文学にも見られ、シチリア・アラブの英雄としてのジュファーを主人公とする滑稽譚が存在する。これについては菊池正和の研究がある。

多民族・多宗教・多文化

イスラーム時代に、キリスト教の聖職者はビザンツ支配下にあった南イタリアのカラーブリアに逃れて修道院を開いたが、住民の多くはイスラーム教に改宗し、征服者のもとで生きざるを得なかった。とくにヴァル・ディ・マツァーラでは異なる人種・宗教・文化がモザイク状態に混在することになる。

バグダード生まれのイブン・ハウカルは、北アフリカからスペインに入り、九七三年ごろに訪れたパレルモを、イスラーム教徒の支配によって都市改造が行われ、多くの人口を抱える、商業が盛んな、統治の中心地と記している。

パレルモは、キリスト教徒、ユダヤ教徒の他に、アラブ人、ベルベル人、エジプト人、ペルシア人、シリア人、イラク人など、多様な人種のイスラーム教徒が住む多民族都市であった。少数であるがスラヴ人、タタール人、ランゴバルド人もいた。万華鏡のような多彩な人種構成ではあるが、それぞれの特性や技術が尊重され、共存していた。

イスラーム時代に、島内の各地域に一つの城、一つのモスクが建設された。大都市のみならず、小さな町にも設けられたモスクは、たんに宗教的施設としてだけでなく、政治的・教育的な機能ももっていた。

イスラーム教徒支配のシチリアでは、既存のキリスト教の建造物の利用は認められたが、新たに教会を建てること、修復することは禁止された。教会の鐘をならすこと、教会の外で十字をきること、聖書を声高に唱え、宗教行列をすること、公共の場所でワインを飲むこと、武器の携帯、馬やロバに乗ることがキリスト教徒に禁止されている。キリスト教徒の女性は、イスラーム教徒の女性が利用しているときは、公衆浴場を利用することはできなかった。

ユダヤ人には特別の衣服を着ること、家の入り口には特別の印をつけることが強要された。キリスト教徒は服に豚の絵が描かれた布を、ユダヤ教徒は最初は色つきの布切れ、後に猿の絵が付いた布をつけねばならなかった。

キリスト教徒にしろ、ユダヤ教徒にしろ、イスラーム教への改宗が迫られることはなかったが、イスラーム支配への服従の証として人頭税（ジズヤ）や土地税（ハラージュ）を支払わねばならなかった。そのために、イスラーム教に改宗するキリスト教徒も少なくなかった。特に西部地域では自発的にイスラーム教に改宗するものも多く、一一世紀中葉に住民の多数がイスラーム教徒となり、アラビア語が公用語となり、ラテン語、ギリシア語は影をひそめた。イスラーム化が進まなかったヴァル・デモーネではギリシア語を話すキリスト教徒のコミュニティが残った。

「農業革命」をもたらす

イスラームの所有となった広大なビザンツの領地、教会の所有地、逃亡したキリスト教徒の土地の五分の一は中央政府に、残りの五分の四は兵士やシチリアに移住したアラブ人・ベルベル人に分割譲与された。

ただ、イスラーム時代に解体された大土地所有制について、最近の研究では議論がある。それは、ノルマン時代に騎士に封土《ほうど》が与えられ、大土地所有制が復活することから、イスラーム時代にも教会や貴族の領地の一部は存続していたというものである。

イスラーム時代のシチリア史の専門家でもある、後述する『シチリアの晩禱』を著したミケーレ・アマーリは、イスラーム教徒がシチリアにもたらした農業技術や農作物などを総称して、「農業革命」と呼んでいる。その「革命」によって、とりわけシチリア西部と南部沿岸地帯の景観は一変することになる。シチリアを訪れたアラブ商人は、水が豊富にあり、山には木々が茂り、畑には農産物があふれていると記している。それはイスラーム教徒によってもたらされた灌漑技術や農業技術の成果に他ならなかった。とくにパレルモ周辺の肥沃な土地には、数多くの井戸が掘られ、ローマ時代に行われた水利事業を基盤に、水車や水を運ぶ灌漑設備がつくられた。連作にかわって、輪作の技術が導入された。

ローマ時代に存在していたといわれるオレンジ、レモンなどが用水路を利用して、とくにシチリア東部で大規模に生産された。ナス、サトウキビ、ナツメヤシ、スイカ、パピルス、綿花、亜麻、養蚕のための桑の木、皮をなめすためのウルシなどが、アラブ世界からシチリアにもたらされた。漁業、織物業、金属加工の技術も発展し、北アフリカ、スペインとの交易を通じて、シチリアに富をもたらすことになる。

マグレブに拠点を置くイスラーム教徒は、戦略的・商業的に重要な、かつ豊かな大地に恵まれたシチリアを軸にして、一方では東洋と、他方ではスペインと結合を強化することで、地中海のイスラーム支配を拡大した。かれらは、北東部のヴァル・デモーネ産の絹織物を東方世界に輸出し、エジプト産の亜麻を輸入した。シチリアはイスラームの経済圏に組み込まれていくことになる。

近世に入ると、イスラーム教徒がもたらしたサトウキビによって生産された砂糖と、西部のトラーパニで産する「白い黄金」（フェルナン・ブローデル）と呼ばれた塩は、穀物・絹・硫黄とならんで、ジェノヴァ商人などによってヨーロッパの主要都市に運ばれ、シチリアの主要な輸出品となる。イスラーム教徒は米もシチリアにもたらし、シチリア南西部で耕作され、一五世紀初頭にはフランスやイギリスに輸出されている。一九世紀前半にマラリアの感染源である蚊が繁殖する水田が制限されたが、米のコロッケである「アランチーノ」がいまも残っている。

イスラームがもたらした文化革命

イスラーム教徒はペルシア、メソポタミア、シリア、エジプトなどの輝かしい文明をシチリアにもたらした。それは文学、哲学、法律、医学、数学、天文学の他に、建築や装飾芸術など多岐にわたっている。たしかに、宗教的・民族的な融合は困難であったが、文化的には当時の最も先進的な文明がアラブ世界から移植され、東と西が融合する華麗な文明がシチリアに開花した。

イスラーム時代の最盛期に、シチリアの人口は約二二〇万人で、首府であったパレルモの人口は三〇万人であったという。パレルモでは、キリスト教の大聖堂がイスラーム教のモスクに変えられた。当時のアラブ人旅行者の証言によれば、パレルモには三〇〇近いモスクが存在していた。その一部は、今も残るアラブ様式の建築に見ることが出来る。

イスラーム時代のシチリアは、「ローマ、ビザンツ社会の古い殻のなかに、新鮮で生き生きとした活力を注入して創造力を豊かにし、土地所有制度や農業を改革し、新しい芸術や文化を取り入れた」(アマーリ)。それを基礎に、さらに発展して、パレルモが一二世紀ルネサンスの拠点の一つになるのはノルマン時代である。

六世紀を超えるローマのシチリア支配に比べて、イスラーム時代は約二世紀と短い支配期間であったが、シチリアに残したものはきわめて大きい。

2　輝けるシチリア王国

南部イタリアに現れたノルマン人

イスラーム教徒に代わって、ノルマン人が、一一世紀後半にシチリアを支配する。スカンジナビア半島に起源をもち、北フランスに住んでいたノルマン人が、なぜシチリアにたどりつき、どのようにして王国を樹立するにいたったのか。

ノルマン人は、八世紀以降にヨーロッパ各地を侵略していたバイキングにルーツをもっている。かれらは九世紀にはコンスタンティノープルやパリを攻撃し、東ヨーロッパでロシアの起源となるノヴゴロド公国、キエフ公国を建設している。またグリーンランド、北アメリカにも到達していたといわれる。一一世紀には、ノルマンディー公ウィリアムがヘイスティングズの戦いで勝利し、イングランドを征服している。

ノルマン人の広範囲な活動を見れば、かれらが南イタリアに現れたのは決して不思議なことではない。ノルマンディー公国に仕えていたノルマン人が活躍の場を求めて南下し、南イタリアにたどりついた。一一世紀の南イタリアはランゴバルド系侯国、ビザンツ、地方の領主が相争う混乱の地であっただけに、傭兵の格好の活動の場であった。

最初のノルマン人はエルサレム巡礼の帰りに南イタリアに立ち寄り、傭兵として働き場所を見出したと記された年代記もあるが、最近の研究ではそれを神話としている（山辺規子『ノルマン騎士の地中海興亡史』白水社、二〇〇九年）。

ノルマン人傭兵の一人が、果敢な働きの報奨として、ナーポリ公からアヴェルサを所領として与えられた。同郷人の成功譚を耳にしたノルマンディーの騎士が新天地の南イタリアを目指してやってきた。そのなかにノルマンディーのオートヴィル・ラ・ギシャールの領主の息子グリエルモがいた。

後にシチリア王国を樹立する一族はフランス語ではオートヴィル家と表記されるが、本書はかれらが住みつき、活動したのがイタリアであったことから、イタリア語のアルタヴィッラ家、人名もフランス語のギョームではなく、イタリア語のグリエルモと表記する。

戦乱の地であった南イタリアで、武勲を立て、領主から所領を与えられたグリエルモは、勇猛な騎士であったことから「鉄腕」と呼ばれるようになる。グリエルモを頼って、アルタヴィッラ家の腹違いの弟ロベルト（フランス語でロベール）がノルマンディーから到着した。かれは頭が切れ、策士であったことから「狡猾」を意味するグイスカルドと呼ばれるようになる。

教皇レオ九世は、南イタリア支配をもくろむランゴバルド系侯国、ドイツ皇帝、勢力の挽回をめざすビザンツと連合して、勢力を拡大するノルマン人勢力に戦いを仕掛けた。

ロベルト・グイスカルドは、南イタリアのノルマン人勢力を結集して、教皇の連合軍とチヴィターテで戦い、勝利を収めた。一〇五三年のことである。捕縛された教皇はノルマン人の南イタリア支配を認め、釈放された。この勝利によって、アルタヴィッラ家はシチリア王国の樹立につながる足がかりを得た。

アルタヴィッラ家の末っ子ルッジェーロ（フランス語でロジェール）が南イタリアに現れ、ロベルト・グイスカルドに仕え、ビザンツ軍と戦い、カラーブリアの平定に協力した。教皇ニコラウス二世は、対立教皇問題における支援と引き換えに、ノルマンの指導者であったロベルト・グイスカルドに「プーリア、カラーブリアおよび将来のシチリアの公」を認めた。

教皇が「将来のシチリアの公」として、イスラーム支配下にあったシチリアの地位をロベルト・グイスカルドに約束したということは、かれにシチリアからイスラーム教徒の放逐を託したことを意味している。弟ルッジェーロはカラーブリア伯となり、南イタリアのビザンツ勢力を制圧し、ミレートに拠点を置いた。

ノルマン人のシチリア進出

そのころ、シチリアでは、東部（シラクーサ、カターニア）を支配するイブン・アッスムナと中部・西部を支配するイブン・アルハワースが島を二分して争っていた。アッスムナと妻との不仲が、義弟イブン・アルハワースとの戦いへと発展したともいわれる。

イブン・アッスムナは、南イタリアで勢力を築いていたノルマン人に援軍を要請した。ロベルト・グイスカルドは弟ルッジェーロを第一の将として、一〇六一年、島の東端のメッシーナに上陸した。その時にロベルト・グイスカルドとルッジェーロが率いたノルマンの兵士の数については定まっていない。

年代記作者ゴッフレード・マラテッラは「ノルマン人七〇〇人」、中世史家ヴォルペは「ノルマン人三〇〇人」、シチリア出身の歴史家ディ・マッテーオは「一〇〇〇人の騎士と一〇〇〇人の歩兵」、コッレンティは「約一〇〇〇人」を、ノルマン側の兵力としている。イギリスのイタリア近現代史研究者マック・スミスは「六〇人近い騎士」、高山博は「一七〇人近く」、山辺規子は「一六〇の騎士と数百の歩兵」という。

このようにノルマン側の兵力について大きなばらつきがあり、正確な数字は確定していない。ただ、イスラームに比べてノルマン側が数的にはるかに劣っていたことだけは確かである。そのために、ノルマン軍は兵員数が勝敗を左右する野戦ではなく、イスラームの拠点を急襲する戦術をとったともいわれる。

ノルマン人はシチリア東北部を支配下におくことができたが、メッシーナ占領からイスラームの牙城であるノートを征服して、全シチリアを支配下におくまで三〇年という長い時間を要している。それには兵力の問題もあったのであろう。イスラームがアフリカから援軍を得たのに対して、ノルマンは反乱が続いていた南イタリア支配に兵力を割かねばならず、強力な後続部隊をシチリアに送ることができなかった。

ノルマンはシチリア支配を確立するために、北イタリアから組織的にシチリアに植民させることになる。そのことはシチリアの人口構成や言語・文化にかかわる重要なことであり、後述する。

ノルマン人のシチリア支配

ルッジェーロは、一〇七二年、兄ロベルト・グイスカルドとともに、イスラームの首府であったパレルモを征服した。繁栄する優雅な都市であったパレルモは、キリスト教徒のノルマン人にとっては「神の敵」が住むところであった。しかし、後に第一次十字軍（一〇九六年）がエルサレムで行ったようなイスラーム教徒の殺戮、ユダヤ教徒を生きたまま焼き殺すなどの虐殺事件は起きていない。ノルマンが征服した時のパレルモについて、ある年代記には次のように記されている。

ノルマンの征服者は宮殿を含めパレルモ近郊のものすべてを分配した。貴族たちは果物がたわわに実った果樹園とその間を流れる小川をもらい、かれらに従う騎士たちは地上の楽園を満喫した。

ノルマン人がパレルモを制圧し凱歌を上げると、ロベルト・グイスカルドはアラビア語で君主を意味する「マリク（malik）」という文言を刻印した金貨を鋳造し、シチリアの新しい支配者であることを告知した。その後、かれはプーリアで起こった反乱を鎮圧するためにシチリアを離れ、南イタリアの反乱を鎮圧し、ビザンツへの攻撃に向かい、七〇歳の生涯を終える。ロベルト・グイスカルドが亡くなった時、シチリアに残っていたルッジェーロは、抵抗を続けるイスラーム支配のシラクーサを攻撃していた。

たくみな封建制度

ルッジェーロ時代（一〇七一～一一〇一年）の約三〇年間、拠点はパレルモではなくカラーブリアのミレートにあったが、後のシチリア王国の基盤は築かれた。大伯と呼ばれたルッジェーロは、イスラム時代にモスクとなっていたキリスト教の教会を建て直し、各地に司教区を設けた。その功績として、教皇ウルバヌス二世は、一〇九八年、大伯ルッジェーロに教皇代行権を与えた。教皇代行権とは教皇にかわって司教を叙任し、教会を支配する権限である。それによって、シチリアでは教会ではなく、国王が宗教にかかわる権限を長い間にわたって行使することができた。ちなみに、シチリアの教皇代行権は、統一国家イタリアがローマを首都とした一八七一年まで存続する。

大伯ルッジェーロはシチリア征服に貢献した騎士に封土を授けた。かれらは領地内の司法権を有する領主となった。多くの領地はシチリア統一の障害になるとして限定された小規模なものであったが、大伯ルッジェーロの妻アデライデの弟エンリーコ・デル・ヴァストにはシチリア中心部に広大な領地が与えられ、ノルマンのシチリア支配の要《かなめ》となった。

大伯ルッジェーロはビザンツの諸制度、イスラームの慣習などの過去の遺産に、ノルマンの社会原理を融合、調和させた統治体制を作った。ノルマン人がシチリアを支配すると、多くのイスラーム教徒はマグレブや、スペイン、エジプトに移住したが、シチリア住民の割合ではイスラーム教徒のアラブ人がノルマン人よりはるかに多かった。イスラーム教徒は小地主、小作人として農村に住んだだけでなく、都市の城壁のなかでも職人や商人として生活した。

ノルマン人のシチリア支配の秘訣は、かれらの勇猛果敢な戦闘能力に負うところが大きいが、それだけではなかった。ノルマン人はイスラーム教徒をキリスト教に改宗させることなく、かれらの信仰を認め、土地や財産も収奪することなく、兵力の不足を補うために軍隊に雇用し、行政機構にも登用したことがある。大伯ルッジェーロは、イスラーム教徒のアラブ人、ビザンツのギリシア人、ノルマン人などからなる宗教的・言語的・人種的にモザイク状態のシチリアを支配した。

北イタリアからの植民者たち

地理的に近いところからシチリアに渡来したギリシア人・ローマ人・イスラーム教徒とは異なり、ノルマン人の故郷ノルマンディーは遠く、大挙してシチリアに移住することはなかった。

ノルマン人は信頼のおける、キリスト教徒の家臣を必要としていた。そのために、大伯ルッジェーロは、妻アデライデの出身地である北イタリアのアレラーミカ辺境領（現在のアスティ、アレッサンドリーア、モンフェッラートなどを含む）から多くの騎士をシチリアに入植させた。かれらは自らを「ロンバルディーア人」と呼んだ。中世にあってロンバルディーアと呼ばれた地域は広く、現在のピエモンテ、リグーリア、ロマーニャも含んでいた。

「ロンバルディーア人」の多くは、前述したアデライデの弟で、パテルノ伯となっていたエンリーコの所領があった中部・東部に移住した。エンリーコは「ロンバルディーア人」の指導者と見なされた。中部シチリアのエンナに今も残るロンバルディーア城の名前はそこに住み着いた「ロンバルディーア人」に由来する。シチリアに移住した「ロンバルディーア人」について、シチリアの作家レオナルド・シャーシャは次のように記している。


シチリアのロンバルディーアの……その美しき町は、アイドーネ、ピアッツァ・アルメリーナ、ニコシーア。それらはロンバルディーア人が集団で住み着いたところである。エンナ、カルタジローネ、シークリもまた素晴らしい。エンナにはロンバルディーア城があり、カルタジローネの紋章はジェーノヴァと同じである。


カターニアに近い山岳都市カルタジローネはアラビア語で花瓶の丘という意味である。花瓶の丘の名前は、イスラーム時代に陶器製造の技術が導入され、それが発展したことに由来している。シャーシャが指摘したように、カルタジローネの紋章はそこに入植したジェーノヴァ人の痕跡を示し、ジェーノヴァのそれと類似している。

シチリアに移住した「ロンバルディーア人」の数は二〇万人近くであったといわれる。北イタリア出身の入植者には、封土が与えられ、城壁をめぐらし、防衛する義務が課せられた。

「ロンバルディーア人」の痕跡は言語にも残っている。シチリアには陸の孤島のように北イタリアの

シチリアのロンバルディーア人が11世紀に建てたエンナの「ロンバルディーア城」

サン・フラテッロにある道路標識はイタリア語とガッロ・イタリア語の二言語で表記されている

ジェーノヴァ方言が存在し、言語学ではガッロ・イタリア語と分類される。例えば、シチリア東部の、メッシーナ県サン・フラテッロにある道路標識は、イタリア語のS. Fratelloとガッロ・イタリア語のSan Frareauの二言語で表記されている。

「ロンバルディーア人」以外に、近隣の南イタリアのカンパーニア、プーリア、カラーブリアからの移住者に加えて、ピーサ人、プロヴァンス人、ブルターニュ人がいた。ドーヴァー海峡を越えてやってきたものもいた。このように、ノルマン時代には侵入者として歴史で取り上げられない、かなりの数の渡来者が存在しており、それはシチリアの人口構成や文化において重要な意味をもっている。

ノルマン人のシチリア王、ルッジェーロ二世

大伯ルッジェーロは一一〇一年に七〇歳で亡くなった。後継者は五歳のルッジェーロ二世である。母アデライデは幼い王が一七歳になるまで摂政をつとめた。アデライデは、南イタリアの小さな都市ミレートからシチリアで最大の豊かな都市パレルモに拠点を移している。

アデライデは、ルッジェーロ二世が成長し、シチリア支配も安定し、摂政としての役割を終えたと考えたのか、一一一二年、エルサレム王となったボドゥアン一世と再婚する。しかし、夫がアデライデの莫大な持参金を使い果たした後に、重婚であったことが判明し、四年後に一人でシチリアに戻るという、不幸な結末を迎えることになる。

キリストに戴冠されるルッジェーロ2世

ルッジェーロ二世は、南イタリア諸都市の謀反やランゴバルド諸侯の反撃を鎮圧し、ノルマン支配を阻む教皇軍、ドイツの皇帝軍、ビザンツ軍と戦わねばならなかった。ローマ教会はイスラームからシチリアを取り戻したことを喜んだが、ルッジェーロ二世が法的には教会所領であるシチリアと南イタリアの支配を強化しはじめると危機感を抱いた。

教皇ホノリウス二世はルッジェーロ二世を破門し、シチリアへの十字軍派遣を決定し、自ら軍隊を率いて南イタリアに進軍した。しかし、戦いを交える前に、ドイツの皇帝軍などからなる同盟軍が解体し、教皇はルッジェーロ二世に屈し、シチ

リア、プーリア、カラーブリアの領有を承認した（一一二八年）。翌年、ルッジェーロ二世はメルフィで会議を招集し、プーリアの全領主に臣従の誓いを課し、シチリアと南イタリアの領土的統一を完成した。ここに、ルッジェーロ二世という一人のノルマン人が南イタリアとシチリアを支配することになった。

しかし、ルッジェーロ二世はシチリア伯となった幸運な冒険者にすぎず、いまだ国王の戴冠を受けていなかった。かれは二人の教皇が存在するシスマ（教会分裂）を巧みに利用して、多くの領主が支持したインノケンティウス二世ではなく、危険を承知で支持者のほとんどいなかった対立教皇アナクレトゥス二世を支持して、シチリア王となった。

三五歳のルッジェーロ二世は、一一三〇年のクリスマスに、パレルモでシチリア王として戴冠した。シチリアだけでなく、南イタリアをふくむ広大な領地のシチリア王国が誕生した。

ルッジェーロ二世の戴冠の模様を描いた一二世紀のモザイクが、パレルモのサンタ・マリーア・デッラミラーリオ教会、通称マルトラーナ教会にある。戴冠式でルッジェーロ二世が着た外套は現在ウィーンの博物館に所蔵されている。なぜシチリア王ルッジェーロ二世の遺物がウィーンに存在するのか。それは、後述するように、ノルマン朝の悲劇的な滅亡に深くかかわっている。

ルッジェーロ二世の時代

シチリア王国の初代国王ルッジェーロ二世は、二四年間（一一三〇～五四年）の治世に、父である大伯の政策を発展させ、パレルモの宮殿をノルマン支配の司令塔とした。

ルッジェーロ二世はアリアーノで領主、都市代表、高位聖職者などが参加する議会を開き、基本法を発布し、国家機構を整備し、シチリア王国の国家体制を確立する（一一四〇年）。ルッジェーロ二世が設けたシチリア議会は、「シチリアの自由と自治の象徴」として、歴史を耐え抜いた。それは、イギリスがシチリアを実質的に支配していた一八一二年に発足するイギリス式の二院制議会まで存続する。

ルッジェーロ二世は、王の諮問機関である王国最高顧問団を中心とする行政・官僚組織を確立した。少人数の王国最高顧問団がシチリア王国の政治を掌握し、重要な決定を行った。行政を担ったのはビザンツ、イスラーム、そして「ロンバルディーア人」の法律・行政の専門家であった。

ルッジェーロ二世は安定した王国を確立するために、かれを国王と認めようとしない領主たちだけではなく、教皇インノケンティウス二世、ドイツ皇帝ロタールなどと戦わねばならなかった。

インノケンティウス二世は、対立教皇アナクレトゥス二世という「異端の教皇の擁護者」「教会の敵」として、ルッジェーロ二世を破門に付した。教皇はドイツ皇帝など同盟軍が撤退した後も戦いを続ける。しかし、ルッジェーロ二世軍の捕虜となると、教皇はルッジェーロ二世の破門を解き、シチリア王として認めた。

ルッジェーロ二世は数多くの教会や修道院を建設した。教皇ウルバヌス二世が与えた教皇代行権によって、ルッジェーロ二世は自由に司教の叙任や配置換えを行い、教会を支配し、ローマ教会の介入を阻止した。ルッジェーロ二世は、宗教においてもシチリア王国の絶対的な存在であった。

ルッジェーロ二世は、ビザンツ、イスラームの異なる制度や伝統を吸収し、混合し、シチリアに適応させる能力に長けていた。宮廷ではノルマン・フランス語が使用されるが、法律関係の文書はラテン語・ギリシア語・アラビア語であった。シチリア王国はイスラーム教徒やビザンツのギリシア人にそれぞれの法を認めた。イスラーム教徒はイスラーム法にもとづく独自の裁判所をもち、モスクでの自由な礼拝が許された。ギリシア人はビザンツ法を保持し、ギリシア正教の儀式が認められた。パレルモには、一二世紀中葉に一五〇〇のユダヤ人家族が暮らしており、メッシーナには二〇〇家族が住んでいた。かれらもまた、自らの宗教に従って生活した。

パレルモの宮廷にはイスラーム教徒のアラブ人、ギリシア正教のギリシア人、キリスト教のラテン人が、それぞれ二名ずつ書記官として働いていた。ルッジェーロ二世は、キリスト教徒であれ、イスラーム教徒であれ、さらにはユダヤ教徒であれ、宗教や人種に関係なく、宮廷、軍隊に積極的に登用している。

ノルマン時代の最大の特徴は多様な民族・文化の調和にあった。シチリアを訪れたイスラーム教徒は、キリスト教徒にもイスラーム教徒にも開かれた病院や救貧院をみて感銘を受けたという。

たしかに、シチリア王国において、宗教的・人種的な違いはそれほど大きな対立要因にはなっていない。ただ、後述するように、被支配者のイスラーム教徒と、支配者であるキリスト教徒のノルマン人の間に緊張した関係が存在していた。時とともに統治機構の責任者にイタリア半島から移住した「ロンバルディーア人」や、ノルマン人、フランス人が就くようになり、アラビア語に代わってラテン語が話されるようになる。

地中海支配

ルッジェーロ二世時代に、支配地は北はイタリア半島のモリーゼ、アブルッツォまで、南は北アフリカ沿岸まで及んだ。シチリア王国はヨーロッパのなかで最も豊かで、強力な国と見なされることに

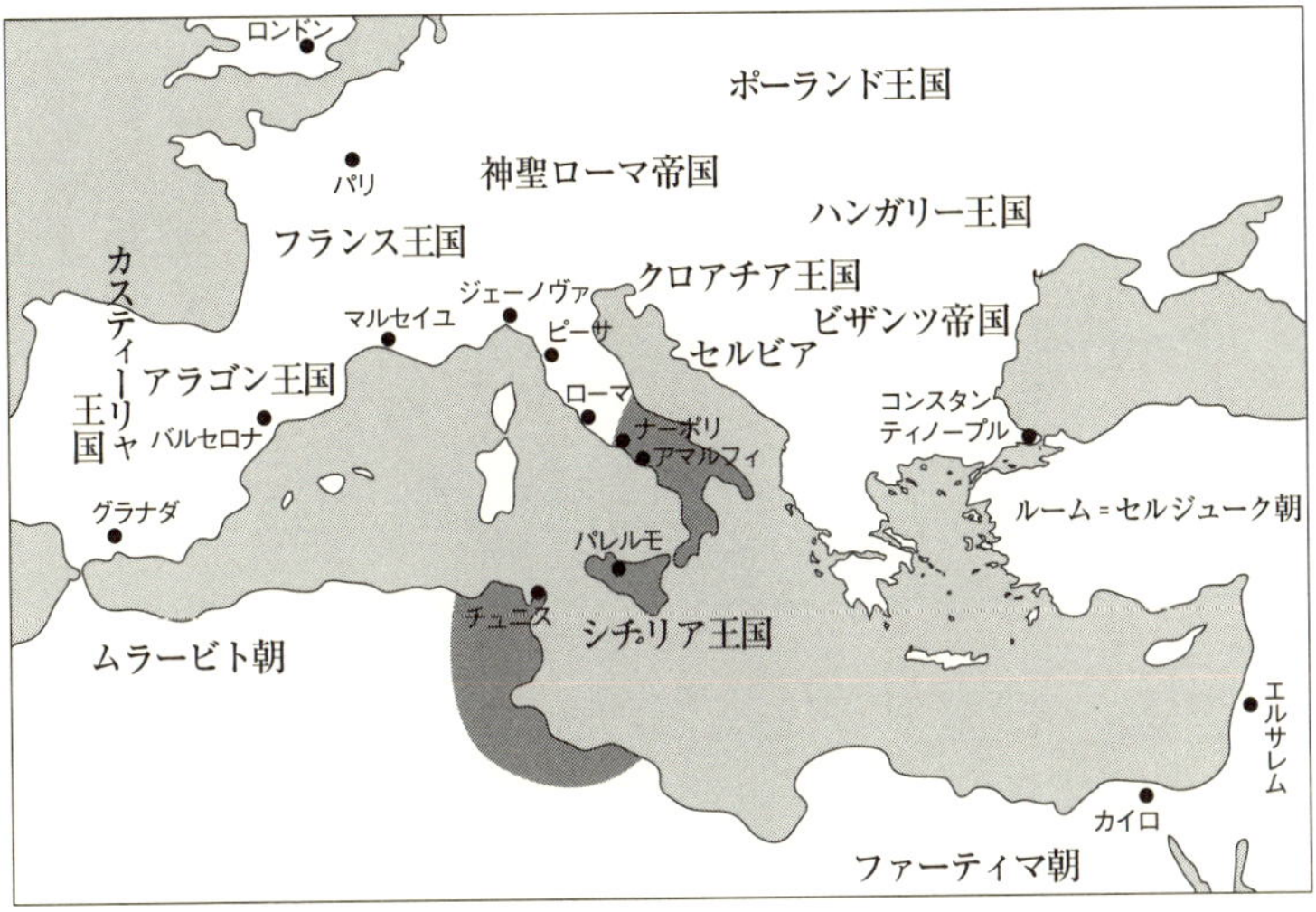

12世紀半ばの地中海世界とシチリア王国の支配領域

なる。

　ルッジェーロ二世の関心は地中海支配であった。シチリア王国確立のために中断していた地中海への拡大政策を再開し、北アフリカに軍を派遣した。地中海はシチリア王国の海となり、シチリアとアフリカの経済や文化の交流が盛んになった。地中海貿易の中継的な位置にあることから、シチリアでピーサ、アマルフィの商人が大いに活躍していた。かれらはパレルモに住み、ノルマン王家との関係を強めた。

　ルッジェーロ二世は、南イタリア・シチリア支配を諦めていなかったビザンツを完全に打ち砕こうとした。あわよくば、ビザンツを手中におさめ、コンスタンティノープルで王冠を得て、東ローマ帝国を支配下に置こうと考えていたらしい。事実、シチリア艦隊がビザンツ支配下のコルフ島を占領し、コリント湾に侵入している。だが、ルッジェーロ二世のコンスタンティノープルの王という野望は蜃気楼のように消えた。

シチリア王国の文化振興

南イタリアではラテン語の俗語が使用されるようになり、ギリシア文化が衰退していったのとは異なり、ノルマン時代のシチリアではギリシア語が復権している。ギリシア語、ギリシア正教の典礼を保持していた人々は、ヴァル・デモーネの山岳地帯に集中的に住んでいた。かれらは自らを「ギリシア人」あるいは単純にキリスト教徒と呼んでいた。

ノルマン支配のシチリアからイスラーム教とアラブ文化が消えることもなかった。ノルマン人は、政治・経済・司法の分野でイスラームの多くの制度を保持し、その文化が一三世紀前半まで色濃く残っている。パレルモ、トラーパニのヴァル・ディ・マッツァーラ地域には、イスラーム教を信仰し、アラビア語を話すイスラーム教徒が住み、シークリあるいはシチリエンセスと呼ばれていた。

そうしたなかで、学問や芸術に造詣が深く、ギリシア語とアラビア語も解し、ビザンツ的な服をまとっていたといわれるルッジェーロ二世は、ラテン人、ギリシア人、アラブ人、ユダヤ人の哲学者、芸術家などを集めて、文化振興を行っている。

ルッジェーロ二世は、とくに天文学や占星術に関心をもち、宮殿にはアラブ人の作った水時計が置かれた。さまざまな文化圏に属する医者や占星術師、学者が王宮に集められた。歴史上初めて正確な世界地図を作成したアラブ人の高名な地理学者ムハンマド・アル＝イドリースィーもその一人であった。

ノルマン時代のシチリアでは、多様な文化が花開き、多文化、多民族からなる独特の世界が誕生した。一四世紀に始まるイタリアのルネサンスに先立って、パレルモでは古典文化の復興と新しい文化の展開が見られた。それによって、パレルモは一二世紀ルネサンスの拠点の一つとなった。パレルモの宮廷ではアラビア語やギリシア語の作品がラテン語に翻訳され、カスティーリャ王国のトレドとともに、ヨーロッパに影響を与えた。（チャールズ・H・ハスキンズ／別宮貞徳・朝倉文市訳『十二世紀のルネサンス――ヨーロッパの目覚め』講談社学術文庫、二〇一七年）

焼物・絹などの産業の振興や交易活動によって、シチリア王国は富み、軍は強化され、教会や宮殿が建てられた。イスラーム教徒は教会が増えたパレルモを「悪魔のいいなりになった町」と評したほどである。東洋的な独特の芸術が生まれたが、その一つがノルマン宮殿のなかにある、聖書に題材を取ったモザイクの華麗な壁画で飾られたパラティーナ礼拝堂である。

パラティーナ礼拝堂は、シチリア王に戴冠したルッジェーロ二世の礼拝堂として建設が始まり、献堂された。小さな礼拝堂であるが、創世記やキリストの生涯、聖ペテロと聖パウロの物語などが壁に

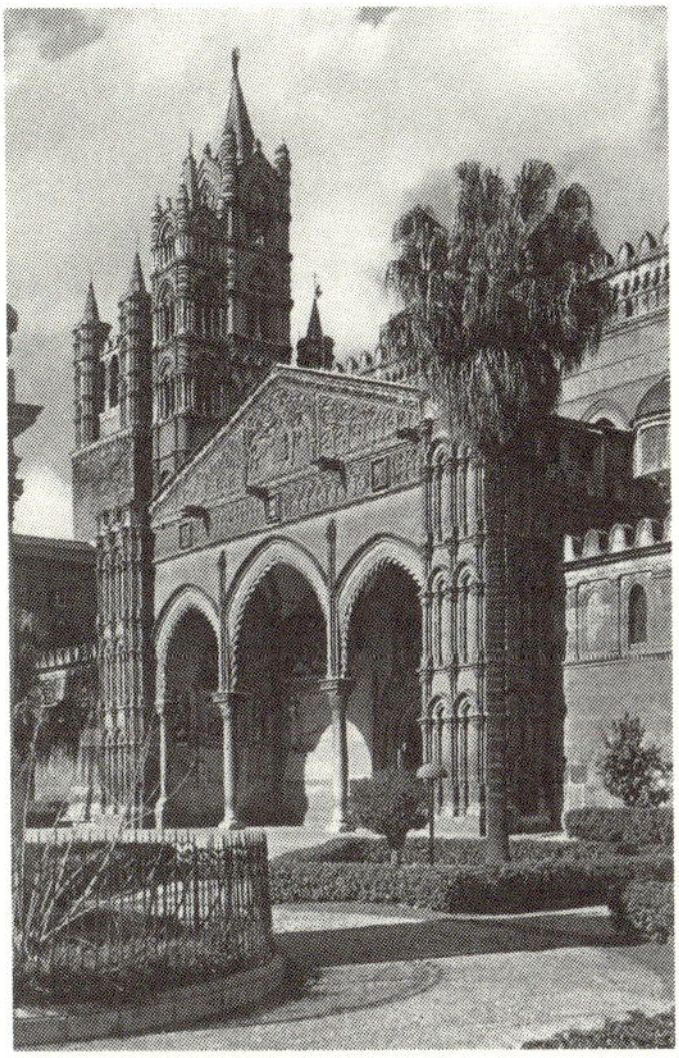

ノルマン宮殿

パラティーナ礼拝堂

金箔モザイクで描かれ、床もモザイク装飾で覆われている。

ルッジェーロ二世により建てられたチェファルー大聖堂も忘れることはできない。小さな漁村であったチェファルーに大聖堂を建てた理由として、次のような伝説がある。アマルフィを征服したルッジェーロ二世が、パレルモに戻る途中に嵐に遭い、無事に陸地に到着することが出来たら、到着した地に神に捧げる大聖堂を建てると誓った。無事にチェファルーの海岸に辿り着いたため、この地に大聖堂が建てられたというものである。内部を飾る「キリスト・パントクラトーレ」、万物の創造主などのモザイクは、テーベやコリントの職人が作ったものである。

3　二人のグリエルモ王

「悪王」と「善王」

地中海世界の最大の君主ルッジェーロ二世は、一一五四年、五九歳で亡くなった。シチリア王国の初代国王ルッジェーロ二世の死から、ノルマン家の崩壊につながる国王タンクレーディの死まで四〇年の歳月がある。その間、シチリア王国を治めた二人のグリエルモ王を見てみよう。一人は「悪王」グリエルモ一世で、もう一人は「善王」グリエルモ二世である。かれらは、赤髭王こと神聖ローマ帝国皇帝フリードリヒ一世のシチリア王国征服に抵抗した。

グリエルモ一世が「悪王」と呼ばれる所以《ゆえん》は、苛烈な性格で、謀反を企てたものを徹底的に弾圧したことにあった。かれの治世（一一五四～六六年）に、領主の反乱や陰謀、プーリアの諸都市の反乱、ビザンツの侵攻などがあったが、危機を乗り切った。シチリア王国はフリードリヒ一世に脅かされながらも、教皇の支援を得て切り抜けた。

シチリア王国の運命を決定づけた二つの結婚

「悪王」グリエルモ一世を継いだ「善王」グリエルモ二世は、翻訳学校を設立し、ギリシア語・アラビア語の哲学、科学などの書物をラテン語に翻訳した。グリエルモ二世は、息を飲むほど色彩豊かなモザイクで有名なモンレアーレ大聖堂を建設している。

「善王」の治世に、シチリア王国の運命を左右することになるヨーロッパの王家と二つの婚姻関係が結ばれた。一つは王の妻として、イギリス国王ヘンリー二世の王女ジョーンを迎えたことである。結婚式に出席したイギリスの貴族たちは、絢爛豪華なノルマン王宮に驚嘆したという。この結婚によってシチリア王国の名声をヨーロッパで広めることになるが、もう一つの婚姻はシチリア王国の崩壊につながる大きな失敗になった。

「悪王」グリエルモ１世

イタリア支配をもくろむフリードリヒ一世が、北イタリアの都市連合であるロンバルディーア同盟軍にレニャーノの戦いで敗北し（一一七六年）、教皇主導による講和会議がヴェネツィアで開催された。

グリエルモ二世は、教皇アレクサンデル三世に迫られたことや、フリードリヒ一世が南イタリアでシチリア王国に対する反乱を画策していたこともあり、ロンバルディーア同盟軍

「善王」グリエルモ２世

側に立って皇帝軍と戦った。

シチリア王国は教皇、ドイツ皇帝、ヨーロッパの諸王、都市の代表者とともに、ヴェネツィアの講和会議に出席した。その際に、フリードリヒ一世の息子ハインリヒ六世と、シチリア王国初代国王ルッジェーロ二世の娘コスタンツァとの結婚が取り決められた。後継者に恵まれなかったグリエルモ二世は、シチリア王国の永遠の平和を保障するものとして、この結婚に同意したのであろう。コスタンツァは、父ルッジェーロ二世の死から二ヵ月後に生まれ、「悪王」グリエルモ一世の宮廷で幼少期を過ごし、結婚話が出た時はパレルモの修道院で祈りの日々を送っていた。

新郎のハインリヒ六世は二一歳、新婦のコスタンツァは三一歳であった。この結婚は運命の悪戯であったかもしれないが、フリードリヒ一世が企てた巧妙な政略結婚であったことはいうまでもない。ドイツは古くから南イタリアに勢力を拡大する野心を抱いていただけに、若いハインリヒとすでに中年に達していたコスタンツァの結婚は政治的に大成功であった。

ドイツのホーエンシュタウフェン家とシチリアのアルタヴィッラ家の姻戚関係は、教皇、北イタリアの諸都市にとって脅威であった。教皇ウルバヌス三世は、南イタリア・シチリアがドイツ支配下に置かれ、南北から皇帝派勢力に挟まれ、危機に陥ることから強硬に反対したが、結婚式は一一八六年、ミラーノで盛大に行われた。コスタンツァの持参金は、シチリア王国の富を示すかのように、金銀財宝を積んだ一五〇台を超える馬車で運ばれたと伝えられている。この結婚によって生まれるのが、アンチ・キリストとして教会を無視する、かのフェデリーコ二世（フリードリヒ二世）である。かれについては次節で述べる。

三人のノルマン人の王――ルッジェーロ二世、グリエルモ一世、グリエルモ二世――の治世は、シチリアがそれまでなかった繁栄を経験し、シチリア史の黄金時代ともいわれる。首都パレルモは活気に満ちた王国の中心となった。定まった首都をもたない中世ヨーロッパの君主とは異なり、ノルマンの王たちはパレルモをこよなく愛し、そこで多くの時間を過ごした。

かれらは、キリスト教の国王というよりはイスラーム世界のスルタンを彷彿とさせる生活を送っていたといわれるが、高山博によれば、「イスラム文化、ギリシア文化の上に乗ったキリスト教徒の王だった」。

イスラーム教徒が見たシチリア王国

多様な民族と宗教と文化が織りなす、繁栄したパレルモを、一人のイスラーム教徒が「善王」グリエルモ二世時代に訪れ、詳細な記録を残している。その人物とはスペイン生まれのアラブ人で、ムワッヒド朝のグラナダ大守の書記官であったイブン・ジュバイルである。かれは二年と二ヵ月半におよぶメッカ巡礼という長旅の記録である『イブン・ジュバイルの旅行記』（以下『旅行記』と略記。藤本勝次・池田修監訳、講談社学術文庫、二〇〇九年）を残した。

それは今風にいえば、メッカからの帰りに立ち寄ったシチリア王国のルポルタージュである。シチリアについての記述は『旅行記』の最後の五〇ページであるが、一二世紀末のシチリアを、イスラーム教徒の目で見た、きわめて貴重な史料である。

メッシーナに着いたイブン・ジュバイルは、シチリアの「豊饒さは筆舌に尽くし難く、耕作地の広さ、土壌の肥沃さ豊かさ、種々の作物で満ち、いろいろな種類や品種の果実が溢れている」と称賛している。シチリア王国は経済的発展を基盤に強力な軍隊と十分な装備を備えた船団を創設していた。イブン・ジュバイルは、メッシーナの港に「整然と船が岸壁に並んでいるのが見られ」「数え切れないほどの船舶からなる艦隊が係留されている」と、多様な民族による活発な交易活動とシチリア王国の海軍力を指摘している。

『旅行記』では、メッシーナから北岸沿いの沖合を西に向かってパレルモに向かうが、「途切れなく続く人家や村々や高い山々の頂上にある城砦や要塞を眺めながら進んだ」とあるように、シチリア沿岸地域に人々が広く住み着いていたことが分かる。

イブン・ジュバイルは、風向きが西に変わったことで船を下りて、シルマ（テルミニ）からは陸路を徒歩でパレルモに向かった。イスラーム教徒はマディーナと、キリスト教徒はバラールマと呼ぶ、国王ギルヤーム（グリエルモ二世）の王宮のあるパレルモは、シチリア島で最も美しい、王権の所在地で、シチリアで最も人口の多い町である。

パレルモに入る前に、イブン・ジュバイルは、「フランク人の王の城へと続く城門に連れて行かれ（中略）、旅の目的について尋問された」後、入城が認められた。フランク人とは、西ローマ帝国の滅亡後、フランク人が西ヨーロッパを支配する王国を建設したことから、イスラーム諸国やビザンツ帝国で使われた、西ヨーロッパ人全般を指す言葉であった。

イブン・ジュバイルは、コルドバに似た、「古くて優美な、壮麗で優雅な、見る目を魅惑する」パレルモに七日間滞在している。パレルモは「路地も通りも広く」、王宮の建物は「あたかも胸の豊かな女の首にかかる真珠の首飾りのごとく整然と連なっている」。金銀細工の十字架を掲げた教会が数多く存在し、修道院がある。

「善王」グリエルモ二世の年齢は「三〇ぐらい」とあるが、この『旅行記』が書かれた四年後の一一八九年に「善王」は三五歳の若さで、後継者を残さず亡くなっているから、正確な情報を得ているこ とが分かる。

「優雅に、安楽に、贅を尽くしている統治者」と評される「善王」を含めたノルマンの王たちについて、イスラーム教徒の「諸王を手本」にしており、「平穏な統治、法律の整備とその施行、家来たちの地位の割り振り、王権の威光の増大、栄華の誇示に専心没頭」しているのは「実に偉大」である、とイブン・ジュバイルは称賛している。

王宮にはイスラーム教徒の「宦官《かんがん》の小姓」や「黒人奴隷の一隊」が存在していた。王はイスラーム教徒に「信頼を寄せ、身辺や重要な業務など」を任せている。ノルマンの王は、カターニアが壊滅した地震（一一六九年）の揺れをパレルモでも感じたが、地震に恐れ慄《おのの》くイスラーム教徒の侍女や小姓たちに、「おまえたち、おのおの自分の崇めるものに、信じるものに加護を祈願せよ」、と言ったという。

『旅行記』の著者は、パレルモの同胞から聞いたのであろうが、ノルマンの王たちが、イスラーム教徒の「お抱えの侍医や占星術師」を重宝し、かれらの「世話と保護には細心の気の遣いようで」あったと記している。王は「医者や占星術師が彼の領内を通るという情報を耳にすれば」、かれらを引きとめて滞在させるために、「ふんだんに生活の手当を振舞い、故国に帰ることを忘れさせようとするほど」であったとも書いている。

イスラーム教徒に対するシチリア王国の寛容な政策と文明の多様性は、一見すると理想的な文化的・宗教的共生社会を思わせる。しかし、後にフェデリーコ二世の時代に頂点に達するイスラーム教徒への弾圧の兆候が「善王」グリエルモ二世時代に見られる。

『旅行記』でもそのことが指摘されている。キリスト教徒の庇護の下で暮らしているイスラーム教徒は、「財産も妻女たちも子供たちも安全が保証されていない」。信仰に関しても、イスラーム教徒は自ら信じるものを公言することに躊躇している現実があった。

王宮に仕えるイスラーム教徒は「礼拝の時になると、その部屋から一人ずつ抜け出て礼拝を行なった。イスラーム教徒の「心を痛めるような」惨状として、「屈辱と悲惨な立場、異教徒の輩への隷属、王の下での過酷な生活」「脅迫して信仰」を捨てさせるなどをあげている。「暴君たる」王が居住するパレルモに住む法学者はノルマンの役人となり、イスラームの信仰から離脱し、キリスト教に改宗し、自宅の近くに所有していたモスクを教会に改装した。

「高貴な行為と寛大な」人と知られていたイスラーム社会の指導者は、敵対する人物から「偽りの事件」で告発された。「暴君は彼を自宅に監禁し」、罰金を科し、財産は没収し、「奴隷身分として処遇」した。その人物の口から出た言葉は、次のようなものであった。

私は自分や家族の者が奴隷に売られてしまった方がいいと願ったものです。売られれば、今私たちが置かれている境遇から解放されるでしょうし、イスラーム教徒の国に移り住むこともできるかもしれませんから。

このように、『旅行記』に見るように、シチリア王国では、基本的にはキリスト教徒のノルマン人が支配し、アラブ人やユダヤ人はノルマン人に従属する関係にあった。イスラーム教徒の居住区もキリスト教徒のそれとは分断され、明らかな差別の上に成り立つ「不平等な共生」であった。相互の不信感、猜疑心、ときには民族的・宗教的憎悪が、イスラーム教徒とキリスト教徒の間に障壁を築いていた。

「善王」グリエルモ二世の死去が伝わると、キリスト教徒はイスラーム教徒の住む地域を襲撃している。フェデリーコ二世の時代になると、シチリアに住むキリスト教徒とイスラーム教徒の分裂と対立は抜き差しならなくなった。シチリアを追われたイスラームの詩人イブン・ハムディスは、生まれ育ったシチリアを詠った詩を残している。

シチリアを思い出すと　私の心は苦痛に襲われる
かつては若ものの喜びで満ちあふれ、
気高い心が花咲く地だった。

現在、アフリカ北部に住むアラブ人の苗字に Siklī、Sciklī、Scikilli というのがあるようであるが、かれらはシチリアに住んだイスラム教徒の子孫であろう。

ノルマン人の王国の終焉

「善王」グリエルモ二世は、一一八九年に、後継者を残さず亡くなり、自らが完成させたモンレアーレ大聖堂に埋葬されている。「ノルマンの栄光を讃える最後で最高の美的表現」と美術史家が指摘するモンレアーレ大聖堂は、平和、税の軽減、教会との友好関係といった伝説化された「善王」グリエルモ二世のイメージと強く結びついている。

「善王」グリエルモ二世の死から約三〇年間はシチリア王国の「危機の時代」で、王位継承を巡る争いで混乱することになる。ノルマン王家に忠誠を尽くし、「善王」グリエルモ二世を支えた人々は、ノルマン王国の祖であるルッジェーロ二世の庶子で、レッチェ伯タンクレーディを王とした。

しかし、ドイツ王ハインリヒ六世は一一九一年にローマで皇帝戴冠をすませると、ノルマンの血を引く王妃コスタンツァとの関係で、王位継承を要求してサレルノまで南下してきた。ところが、ハインリヒ六世はペストにかかり、治療のためにドイツにもどり、夫に同行していたコスタンツァだけが残された。

サレルノには、ともにノルマンの血を引きながら、異なる王朝で引き裂かれたタンクレーディとコスタンツァの二人がいた。タンクレーディは騎士道精神にもとづき、コスタンツァをドイツ国境まで送り届けた。

病気から立ち直ったハインリヒ六世は捲土重来を期すことになる。かれは、ノルマン支配に敵対していた南イタリアの領主を抱き込み、ジェーノヴァとピーサの援軍を得て、シチリアを攻撃した。

ハインリヒ六世がメッシーナに到着した時、すでにタンクレーディは亡くなっていた。ハインリヒ六世は王妃シビッラと子どもをドイツの修道院に送った。幼い王子グリエルモ三世は目を抜かれ、去勢され、最後に殺され、遺体が腐るまで牢獄に放置された。

ハインリヒ六世のノルマン王家に対する仕打ちは、同時代人に「ドイツの激情」と形容されたほど、情け容赦ないものであった。それはサディズム的で、きわめて陰惨なものであった。亡くなっていたタンクレーディも平穏ではなかった。墓が掘り返され、遺体が取りだされて、公共の場で焼かれた。

ハインリヒ六世はパレルモでシチリア王として戴冠した。ここに、ノルマンのシチリア王国は幕を閉じ、シチリアはホーエンシュタウフェン家の支配となる。

モンレアーレ大聖堂の内壁にモザイクで描かれたキリスト

ハインリヒ六世にとって、シチリアは単なるドイツの付属物に過ぎず、愛着もなにもなかった。ノルマンの莫大な財産はシチリアから運び出され、ラバの長いキャラバンでドイツに送られた。

ドイツに運ばれたノルマン王家の財宝のなかに、ルッジェーロ二世が戴冠式で着た、パレルモ王宮の工房で作成された豪華な外套があった。それは、前述したように、現在ウィーンの博物館に他のノルマンの豪華な財宝とともに収蔵されている。

シチリアは、ノルマン人によって二世紀にわたるイスラム支配を脱して、キリスト教のヨーロッパ世界へ復帰した。ノルマン人はシチリアの名前をはじめて冠し、固有の国王を有するシチリア王国を樹立し、華麗な文化を開花させた。シチリア人はその後も長く、シチリア王国を民族的な誇りとし、歴史的拠り所とすることになる。

4　「世界の驚異」フェデリーコ二世

フェデリーコ二世の神話

ノルマン人とドイツ人の血を引き、シチリア王にして、神聖ローマ皇帝のフェデリーコ二世（一一九四〜一二五〇年　フリードリヒ二世）は、ローマ教会に歯向かったアンチ・キリスト、戦いではなく外交で聖地問題を解決した人物、「永遠の炎」（ダンテ『神曲』地獄篇第一〇歌）と評された。シチリア史を語るうえで欠かせない人物であるフェデリーコ二世は、中世の国王にあっては桁外れの人物であっただけに、かれの神話が数多く生まれた。

フェデリーコ神話の発端は、かれを「玉座に位した最初の近代的人間」と評したスイスの歴史家ヤーコプ・ブルクハルトにあるようである。ブルクハルトは、一八六〇年に出版した名著『イタリア・ルネサンスの文化』（柴田治三郎訳、中央公論社、一九六六年）で、フェデリーコ二世について次のように述べている。

専制君主が支配した領土の内部状態については、皇帝フリードリヒ二世が改造した南部イタリアとシチリア島のノルマン国家という、有名な典型があった。

サラセン人たちのまぢかで、裏切りと危険の中に成長したフリードリヒ二世は、早くから事物を完全に客観的に判断し処理することに慣れていた、玉座に位した最初の近代的人間である。そのうえ、サラセン諸国家の内部とその行政に関するきわめて詳しい知識と、教皇たちを相手の存亡をかけた戦争が、これに拍車をかけた。その戦争たるや、双方をして、あらんかぎりの力と手段を戦場に持ち出させたものであった。

フランクフルト大学教授であったが、ナチスの迫害を逃れてアメリカに亡命したユダヤ系の歴史学者エルンスト・H・カントーロヴィチは、大著『皇帝フリードリヒ二世』で、フェデリーコ二世が世俗の官僚によって行政を運用した、独創性と革新性をもつ中央主権的なシチリア王国を「芸術作品と

フェデリーコ２世の版画

テントのなかでフェデリーコを産んだコスタンツァ

しての国家」と称賛した。

フリードリヒ・ニーチェは、『この人を見よ』のなかで、フェデリーコを「模範的な無神論者にして教会の敵、私の最も親しい血縁者の一人」と称えている。この二人のフリードリヒにはアンチ・キリストという点で一致するところがあったのかもしれない。しかし、一三世紀のアンチ・キリストの血のなかには、ニーチェと違ってドイツ的気質よりも、母方から享《う》けたシチリア的・地中海的気質の方がはるかに濃く流れていた。

とまれ、六言語（ラテン語、イタリア語、ギリシア語、アラビア語、フランス語、ドイツ語）を操ったという並はずれた言語能力をもち、哲学、科学、天文学などに精通し、詩才にも秀で、同時代人に「世界の驚異（Stupor mundi）」と呼ばれたフェデリーコ二世とはどのような人物であろうか。

フェデリーコの誕生

フェデリーコが生まれたのは、中部イタリアのマルケ地方の小さな町イエージである。一一九四年のことだった。誕生日がキリスト生誕日に近く一二月二六日であったことは、フェデリーコの神話と無関係ではない。

母コスタンツァは結婚から九年目、四〇歳という高齢出産であったことから、彼女の実の子ではないという噂を打ち消すために、町の中心にあるメルカート広場にテントを張り、フェデリーコを出産した。父ハインリヒ六世がパレルモでシチリア王として戴冠した翌日のことである。

三歳でシチリア王となる

ハインリヒ六世は、シチリア王となって三年後、三二歳で突然に亡くなった。フェデリーコは三歳にしてシチリア王を継承し、母コスタンツァが摂政となった。シチリア王は世襲制であり、法的には問題はなかった。しかし、神聖ローマ帝国皇帝の座には、父を継いで自動的に就くわけにはいかなかった。皇帝の地位は、ドイツの領主によって選ばれ、教皇の手によって戴冠されるものであったからである。

フェデリーコがシチリア王となると、ハインリヒ六世から領地を与えられてシチリアに住んでいたドイツ人、ノルマン時代からの領主、教皇派勢力、都市勢力、イスラーム教徒などを巻き込んだ王位継承をめぐる争いが起こった。どの勢力にとっても、幼い国王フェデリーコは、貴重な切り札、いうなれば利用価値のある玉であり、奪い合いになった。

信仰心の篤い母コスタンツァは、ドイツ人の軍人や役人を排除し、弾圧、追放されていたノルマン家に仕えた家臣を呼び戻して役職に復帰させた。父親である初代シチリア王ルッジェーロ二世が制定した公平で寛大な法をふたたび適用した。

ドイツ人は、亡きハインリヒ六世の遺言を尊重するとして、モンレアーレ周辺に住んでいたイスラーム教徒や、シラクーサのような重要な交易地に関心をもっていたジェーノヴァ人とさえも手を組んだ。

コスタンツァは四四歳で亡くなるが、幼いフェデリーコの身を案じて教皇インノケンティウス三世を後見人に指名していた。教皇もシチリア王国に影響力を行使しようと、フェデリーコの後見人を引き受けた。その代償として教皇に多額の献納を行うことになるが、教皇が求めた教皇代行権の放棄はノルマン家の遺産としてコスタンツァは拒否した。

フェデリーコは七歳の時にドイツ側に一時捕えられるが、教皇側が奪い返している。教皇インノケンティウス三世はサン・ジェルマン（現在のカッシーノ）で会議を開催し、封建領主たちにフェデリーコへの忠誠を誓わせている。

幼年時代の史料が少ないこともあって、フェデリーコ神話が増幅された。かれは東洋的雰囲気のパレルモの街を従者をともなうことなく、一人で自由に歩き回り、多くの住民と接触して治世の基礎を学んだ、というものである。実際のところ、幼い王はパレルモの王宮のなかで教会関係者から帝王学を学んでいた。

フェデリーコは親政を開始し、イベリア半島北東部で勢力を増していたアラゴンの国王ペドロ二世の妹で、ハンガリー王の未亡人であった、母親と同じ名前のコスタンツァと結婚した。

ドイツ王に、そして神聖ローマ皇帝に

ドイツではハインリヒ六世の弟フィリップと、ヴェルフェン家のオットーが皇帝の座を争っていた。フィリップが暗殺され、オットー四世がドイツ国王に選出され、ローマで皇帝の戴冠を受けた。

オットー四世は、戴冠に際してシチリア王国に対する権利の放棄を教皇インノケンティウス三世に誓っていた。しかし、シチリアのドイツ人は、シチリア王国は神聖ローマ帝国に帰属するとして、オットー四世にシチリア介入を要請した。オットー四世は教皇との約束を反故《ほご》にして、シチリアのイスラーム教徒を味方につけて、南イタリアの征服を企てる。

カラーブリアまで南下してきていたオットー四世の軍隊に加えて、パレルモの近くでイスラーム教徒が反乱を起こしていたこともあり、フェデリーコは自らの命も危うくなり、アフリカに逃れるため

に、パレルモ港にガレー船を用意させたという。

救いの手は思いがけないところから現れた。教皇インノケンティウス三世とフランス王フィリップ二世が、オットー四世への攻撃を開始したのである。ドイツ諸侯はオットー四世を廃位し、フェデリーコをドイツ王とすることを決議した。これに驚いたオットー四世はシチリアから撤退し、ドイツに帰還した。フィリップ二世に促されたドイツ貴族の一部がオットー四世に背を向け、南イタリアの支配地の地名から「プーリアの少年」とドイツで呼ばれたフェデリーコを国王に推挙したことで、状況は逆転した。

「プーリアの少年」は、教皇の支援を得て、オットー四世を追ってドイツに向かった。フランスはオットー四世と戦ったブーヴィーヌの勝利を「プーリアの少年」に贈り、フェデリーコのドイツ国王の地位が確定した。フェデリーコはドイツ王に選出され、アーヘンで戴冠を受ける。ドイツの皇帝派は、フェデリーコが教皇の支援を受けたことから、皮肉を込めて「司祭たちの王」と呼んだ。

ドイツに八年間滞在した後、一二二〇年、フェデリーコはドイツを息子のハインリヒ七世にゆだねてイタリアに戻り、ローマで神聖ローマ皇帝の冠を受けた。教皇ホノリウス三世は、十字軍の実行とひきかえに、ドイツとシチリアの王を兼務することを否応なく認め、フェデリーコに皇帝の位を授けた。

シチリア王フェデリーコは、祖父の赤髭王フリードリヒ一世に続いて、皇帝として二世を名乗ることになる。かれは、教皇との約束の十字軍を延期し、ドイツ滞在中に混乱に陥っていたシチリア王国の秩序を回復し、支配の確立につとめた。

「カープアのアシーセ」の布告

フェデリーコ二世がシチリア王国の統治を本格的に開始した時、ノルマン時代の宗教的多様性と民族的共生は遠い昔のこととなっていた。八年間の留守中に生じた政治混乱を収拾するために、フェデリーコ二世は国王の諸権利や、領主に剝奪された王領を取り戻し、勢力を拡大していたイスラーム教徒の反乱を鎮圧しなければならなかった。

フェデリーコ二世は、皇帝として戴冠した一二二〇年の一二月、さっそく南イタリアのカープアで議会を開き、「カープアのアシーセ（カープア法典）」として知られる二〇条からなる法律を発布し、グリエルモ二世時代の「良き慣行・慣習」に復帰することを宣言した。シチリアに対しては、カープア法典をさらに拡大した法律を適用した。ノルマン時代にはギリシア人、アラブ人、ユダヤ人にそれぞれの法律が認められていたが、フェデリーコ二世は共通する法律を一律に適用した。

新しい法は、賭けごとや男子が一般女性と一緒に公衆浴場に立ち入ることの禁止、売春婦を城壁の外に住まわせることなど、民衆の倫理・道徳にも及んだ。メッシーナで利益をあげていたジェーノヴァ人には立ち退きを命じた。貴族には厳しく兵役を課し、財政上の義務を拡大した。聖職者は、兵役免除の代わりに、所有地の地代を払うことになり、王の監督下におかれた。フェデリーコ二世は王室財政を強化するために厳しい税制を導入し、食糧に関わるものには特別税を課した。塩・鉄・絹などの国家専売はノルマン王朝から継承した。

シチリア王国の行政機構の強化に必要であったのが、専門に特化した官僚であった。フェデリーコ二世は、教皇の影響が強かったボローニャ大学と、聖職者による文化的・学問的独占に対抗して、世俗の役人を育成するために、官吏養成機関であるナーポリ大学を設立している（一二二四年）。ナーポリ大学は、現在はかれの名前をとってフェデリーコ二世ナーポリ大学という名称になっている。そこで教育をうけたものは、外交、司法、税務などにかかわる官僚、弁護士、公証人として活躍し、シチリア王国の統治機構を支えることになる。

ノルマン王朝との連続性

歴史研究の時代区分として、ホーエンシュタウフェン時代はノルマンの政治制度の重要な部分を継承したこともあり、ノルマン・ホーエンシュタウフェン家時代、あるいはノルマン・シュワーベン（ホーエンシュタウフェン家がドイツ南西部のシュワーベン公であったことから）時代と呼ばれる。

フェデリーコ二世は、ノルマン時代に整備された制度的な遺産を受け継ぎ、それを新しい時代状況に合わせて、官僚制にもとづく集権的な国家へとシチリア王国を発展させた。そのことで、フェデリーコ二世の王国はノルマン王国と断絶ではなく、連続して論ずるのが一般的である。

ノルマンとの連続性に関する一つの例が、ノルマン時代に設置された司法官制度である。司法官は、地方の刑事裁判権を有し、治安に関わる犯罪を裁くことの他に、封土に関わる訴訟にも関与し、地方の司法・行政機構における長であった。

司法官制度の発端はルッジェーロ二世に反抗した封建領主を鎮圧するために導入されたもので、シチリア王国の司法・行政機構として定着したが、グリエルモ二世死去後に実質的に解体状態にあった。司法官の弱体化あるいは解体にともなって、その役割を担うようになっていたのが封建領主・聖職者・都市貴族である。かれらは勢力を拡大し、王権に挑戦するようになっていた。

フェデリーコ二世は司法官制度を再確立し、王権を強化した。なお、司法官制度の連続性に関しては、阪上眞千子と榊原康文の研究がある。

イスラーム教徒の弾圧と追放

フェデリーコ二世の苦慮したのがイスラーム教徒の存在であった。シチリアにおけるイスラーム教徒との共生、共存関係はグリエルモ二世の死とともに終焉を迎えていた。

たしかに、フェデリーコ二世は、ノルマンの王と同様に、当時の先進的なイスラームの文化や学問に傾倒し、イスラーム教徒の学者や文学者を厚くもてなした。かれは、自らの目的に有益である限り、あらゆるものを利用し、邪魔になるものは徹底して排撃し、破壊した。かれは徹底した功利主義者で、プラグマティックな人物であった。十字軍に際して、イスラーム教徒との合意がエルサレム入城で人的・時間的損失を軽減できると考えれば、かれはそれに躊躇《ためら》うことはなかった。反旗を翻し、抵抗を続けるイスラーム勢力を放置していては、支配を確立できないと考えれば、かれらを弾圧し、排除した。

シチリアに留まり、西部のヴァル・ディ・マツァーラなどに拠点を置いていたイスラーム教徒は独立国家をつくり、指導者は「信仰者の君主」を宣言していた。イスラーム教徒は、武器、資金、戦闘員を提供するチュニジアのアミールから支援を受けていた。

フェデリーコ二世はイスラーム教徒の拠点ヤートを包囲し、兵糧攻めをおこなった（一二二一～二四年）。フェデリーコ二世の晩年、シチリアに残った最後のイスラーム教徒は、不満と絶望から、新たな反乱を企てている。かれらの抵抗は、たとえ首謀者が死亡しても、終わらなかった。その娘は、父親の仇を討つために、キリスト教徒の騎士三〇〇人を殺害し、わずかの従者を引き連れて城砦に立てこもって戦い、最後は捕まって毒殺されたという。

イスラーム教徒による反乱の時期は、フェデリーコ二世が教皇および北イタリアの教皇派の諸都市と対立した時期と符合している。おそらく、イスラーム教徒はその状況を利用したのであろうが、フェデリーコ二世に敵対する勢力の教唆扇動もあったと考えられる。

フェデリーコ二世のイスラーム教徒に対する攻撃は苛烈を極め、容赦なく弾圧した。フェデリーコ二世は、反乱の芽を摘むために、降伏した二万人近いイスラーム教徒を、南イタリアの戦いに不向きな平野のルチェーラに三度にわたって強制移住させた。

シチリアを去ったイスラーム教徒

宮廷で働いていたイスラーム教徒の宦官《かんがん》もシチリアから追放された。チュニジアに逃れたもののなかに、ムワッヒド朝に登用され、艦隊の司令長官となったものもいる。

当時五〇万〜六〇万人の人口であったシチリアで、イスラーム教徒の追放は人口構成にきわめて大きな変化をもたらした。数百の村落が消滅したが、前述したように、アラビア語はシチリアの地名や人名、民衆の伝統、食生活などに、今日にいたるまで色濃く残っている。

シチリアに残ったイスラーム教徒はシチリア東部の城塞建築で強制労働を強いられ、ネオ・ラテン語を話すキリスト教徒と混合しながら、拡散していった。キリスト教に改宗したアラブ人は自らをラテン人と意識するようになり、しだいにシチリア人意識を持つようになったと指摘するのは、イギリスの歴史家で、後述する『シチリアの晩禱』の著者スティーブン・ランシマンである。

イスラーム教徒から没収した農場には、マグレブからきたユダヤ人を住まわせ、農業や絹織物の生産を行わせた。その際に、ユダヤ人は、一〇パーセント以下の利子を条件に、金貸しを行うことが認められた。

十字軍と教皇の陰謀

フェデリーコ二世は、皇帝戴冠に際して教皇に約束した十字軍遠征を先延ばしにしていた。かれは重い腰をあげて聖地に向けて出港するが、船上で伝染病が発生し、引き返した。それを仮病とみなし、激怒した教皇グレゴリウス九世は、かれを破門に付した。

教皇の操り人形のように成長したフェデリーコ二世であるが、「わたしたちを束縛し、搾取し、子羊の仮面をかぶって、貪欲な狼のように服従させる聖職者」と、教皇を批判した。

フェデリーコ二世は、破門が解けないまま、一二二八年にパレスティナへ向けて出帆した。皇帝になって八年後のことである。かれは、エジプトのアイユーブ朝のスルタン、アル・カーミルとの交渉で卓越した外交手腕を発揮し、戦いを交えることなく、勝利者としてエルサレムに入城し、一〇年間の休戦条約を締結した。

フェデリーコ二世は、キリスト教徒の聖地巡礼の権利を獲得し、エルサレム国王に就いた。フェデリーコ二世の留守中に、教皇グレゴリウス九世は、シチリア王国に侵攻しようとしたばかりでなく、シチリアのイスラーム教徒の反乱を扇動したといわれる。

帰国したフェデリーコ二世を迎えたのは、かれを異端者として告発し続けていた教皇の軍隊であった。その時、フェデリーコ二世は、自分が死亡したという偽りの情報が流されていたことを知り、教皇の意図を理解した。陰謀に失敗した教皇は、フェデリーコ二世と和解し、破門を撤回した。フェデリーコ二世は一時的であるが、「教会の愛おしい息子」に戻った。

メルフィ法典の制定とマグナ・クーリア

約束であった十字軍も果たし、教皇と和解したフェデリーコ二世は、シチリア王国の統治に集中する。かれは一二三一年、南イタリアのメルフィで、自らの政治理念を示す「皇帝の書（Liber Augustalis）」を発布した。それは「シチリア王国勅法集成」、一般にメルフィ法典と呼ばれる、一六一項目からなる王国の経済・社会改革に関わる法令である。メルフィ法典は、王権によって統一的に法を編纂・施行した画期的な試みであった。

シチリア王国は、身分制議会と官僚制を具備し、王権を強化した中央集権国家となった。一二四〇年には、フェデリーコ二世は、領主・聖職者とともに都市代表も参加させたマグナ・クーリアと呼ばれる議会をフォッジャで開催した。それは、シモン・ド・モンフォールが一二六四年一二月にイングランドの都市の代表の参加を認めた議会制度、後の下院となるものに先立つこと二四年のことである。

ヴァチカン図書館にあるメルフィ法典の序論

都市の反乱

フェデリーコ二世は、都市が享受してきたさまざまな特権を制限し、都市の自治権を否定した。かれは、公共施設としての港と道路に関する権利を君主の特権として、都市による新しい港と道路の建設を認可しなかった。自由な都市の発展に真っ向から対立し、自治権を抑圧するかれの姿勢に対して、メッシーナ、カターニア、シラクーサなどは激しく反発した。

フェデリーコ二世は情け容赦なく、都市の反乱を弾圧した。教皇から戴冠を受けたシチリア王であるフェデリーコ二世は、神が望まれた地上の秩序に謀反を企てたとして、反抗したものを異端と見なし、火あぶりの刑あるいは絞首刑に処した。抵抗を続けた小都市チェントゥリペとモンタルバーノは破壊され、住民はシラクーサ北部の新しい都市アウグスタに強制移住させられた。

北イタリアではロンバルディーア同盟に見られるように、赤髭王、続いてフェデリーコ二世との戦いに勝利をおさめた、自立した都市が歴史の主役となっていた。中世史家エルネスト・セスターンは、都市が「生き生きとした活力ある歴史的な力」をもつことをフェデリーコ二世は理解しなかったと指摘している。

都市が完全に国王の支配下に置かれた南イタリアとシチリアは、都市が経済力を背景に自治を獲得し、社会的・文化的な発展を示していた北・中部イタリアとは異なる展開を見ることになる。それは、その後の南イタリアとシチリアの経済的・社会的後進性につながる歴史的要因の一つと考えられる。

城塞都市の建設

フェデリーコ二世時代には、ノルマン時代のような壮大で華麗な宮殿や教会は建てられていない。しかし、都市の反乱の時期から、フェデリーコ二世は支配強化の必要性もあり、多くの城塞都市を建設している。

沿岸地域の大都市だけでなく、内陸部の戦略的拠点にも、国王の権威を象徴する巨大な城が建築された。それは軍事的であると同時に、きわめて政治的な意味をもっていた。シラクーサのオルティージャ島の最南端にマニアーチェ城があるが、それはフェデリーコ二世の命で築城されたもののなかで一番古いものの一つである。

マニアーチェ城には北方の影響が見られることから、フランス人の技術者や石工などが従事したと考えられる。それは、聖地で十字軍が建てた城、とくに内部は一一世紀のフランスで創設されたシトー派の修道院の建築様式に影響を受けている。

フェデリーコ二世の城といえば、南イタリアのプーリアにあるカステル・デル・モンテを最初に想起する。それは広大な平地のオリーブ畑のなかに意表をつくかのように聳える城である。かつて、そこを訪れた時に、近代建築かと見まごう異彩を放っているのに驚嘆したことを覚えている。カステル・デル・モンテについては、城を構成する八角形について、そして城塞か居城かを巡って論争が続いている。

フェデリーコ二世は数多くの鳥を精緻に描いた鳥類図鑑である『鷹狩の書』を著したほど、鷹の飼育に大きな情熱を傾けている。想像の域を出ないが、鷹の捕獲や飼育・訓練には「高い塔や孤立した家屋がふさわしい」ことから、カステル・デル・モンテは鷹の飼育・訓練のためのものであったかもしれない（児嶋由枝「中世神聖ローマ皇帝フェデリコ二世の『鷹狩の書』」『歴史家の窓辺』上智大学文学部史学科編、上智大学出版、二〇一三年）。

フェデリーコ二世はシチリアに留まらず、カステル・デル・モンテのように、南イタリアでも数多くの城塞を建設している。シチリア王国の北端に位置するイタリア本土のラークィラは、ホーエンシユタウフェン家の紋章でもあるアークィラ、つまり鷲を意味する。そこにはフェデリーコ二世の没後に完成する城がある。

建築家としてのフェデリーコ二世の芸術的能力は過大評価されていると指摘するのが歴史家フェルディナンド・マウリーチである。かれは、城塞建築の「非凡な発注者で、目ざとい監督者」としてのフェデリーコ二世を評価しながらも、それらを実現したのは「その道に長けた芸術家、技術者」であって、「建築家」としてのフェデリーコ二世のイメージは、「歴史的伝説の世界に決定的に帰するべきものである」という。

カステル・デル・モンテ。「山の城」という意味で、イタリア南部のプーリア州アンドリア郊外にある

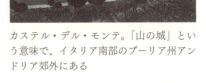

北イタリアにおける教皇派都市との戦い

フェデリーコ二世が晩年に取り組んだのが、北イタリアの都市との戦いである。ドイツでは皇帝派と教皇派の熾烈な戦いが続いていた。イタリアの都市も皇帝派と教皇派に分かれて激しく争っていた。皇帝派はホーエンシュタウフェン家の城ヴァイプリンゲンのイタリア訛りであるギベッリーニと呼ばれ、教皇派はホーエンシュタウフェン家と対立していたドイツの有力なヴェルフェン家に由来するグェルフィと呼ばれた。

フェデリーコ二世は、シチリア王国支配を強化し、それを神聖ローマ帝国と結合させ、両者の中間地帯である北イタリアを支配下に置くという、ローマ教会が最も怖れる行動に出た。その前に大きく立ちはだかったのは北イタリアの都市であった。

『鷹狩の書』にある鷹の飼育

北イタリアの教皇派の都市は、第二次ロンバルディーア同盟を結んで皇帝に対抗したが、フェデリーコ二世によってコルテヌオーヴァの戦いで屈服させられた（一二三七年）。フェデリーコ二世は、北イタリアに皇帝派の都市を拡大し、教皇グレゴリウス九世と連携する教皇派の都市と戦ったことにより、再び破門となった。

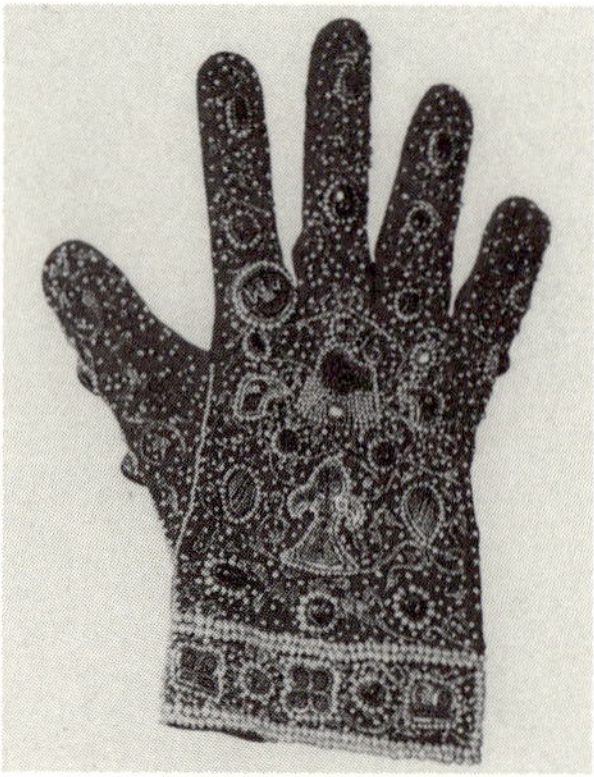

ウィーンの文化博物館にあるフェデリーコ２世の手袋

教皇グレゴリウス九世は、ローマで公会議を開いて、フェデリーコ二世を皇帝の座から追放することを企てた。それに参加するフランスとイギリスの大司教たちの乗った船は、フェデリーコ二世側に捕えられ、全員が捕虜となり、その企ては失敗に終わった。しかし、教皇インノケンティウス四世が場所をかえて、リヨンで公会議を開催し、皇帝フェデリーコ二世の廃位を宣言した。フェデリーコ二世は北イタリアの都市同盟軍に敗北する。

フェデリーコ二世は、占星術者が「花の上で死ぬであろう」と告げたことから、花の都を意味するフィレンツェを避けていたといわれる。しかし、プーリアの花の城という意味のカステル・フィオレンティーノ（現在のフォッジャ県ルチェーラの近く）で、フェデリーコ二世は、反転攻撃に出ようとした矢先、赤痢のため五五歳を前に亡くなった。一二五〇年一二月のことである。

皇帝の死に立ち会ったのは、息子のマンフレーディ、主治医のジョヴァンニ・ダ・プロチダなど限られたものであった。ある年代記作家は地上の君主で至高にある「世界の驚異で、例を見ない皇帝」と、死を悼んでいる。シチリアを愛したフェデリーコ二世は、パレルモに埋葬するように言い残していた。かれの墓は、両親と祖父ルッジェーロ二世の墓と並んで置かれた。

ローマ教会としては、後見人に対する感謝の念もない、おぞましいアンチ・キリストであるフェデリーコ二世の突然の死は、予期せぬ贈り物であった。教皇インノケンティウス四世は、フェデリーコ二世の死に歓喜したといわれる。

詩人としてのフェデリーコ二世伝説と遺産

フェデリーコ二世は、「書くことも歌うこともでき、また詩作もできた」と、サリンベーネの年代記に記されている。フェデリーコ二世には、「愛の離別は」と題する甘美な、抒情詩がある。岩倉具忠はフェデリーコ二世の詩人としての才能は「どちらかといえば凡庸」であったと評している。（岩倉具忠・清水純一・西本晃二・米川良夫『イタリア文学史』東京大学出版会、一九八五年）。たしかに、武人のイメージとは程遠い、フェデリーコ二世が詠んだ詩を、少し長くなるが、紹介しておこう。

わが愛しいお方よ、あなたは去っていかれよ！
わが主人よ、あなたを神へお委ねします、
わがもとを、去りゆくのですから、
このわたしを、無情にも置き去りにして。
ああ、わたしは　生きるのがつらい、
死を見つめるのが　遥かに心地よいもの、
わたしは　心癒される思いはしなかった、
歓びなきわが人生を　思い起せば。
あなたが　去り行くのを思うと、
わが心は　大きな苦悩にうち震える、

わが最愛のお人を
遥かなる地が　わたしから引き離すゆえ。
今や　わが愛しい人が、遠ざかる、
誰よりも愛したお人が。
わが心を苛む　トスカーナの地に
わたしは　愁《うれ》いに沈む。

（瀬谷幸男・狩野晃一編訳『シチリア派恋愛抒情詩選——中世イタリア詞華集』論創社、二〇一五年）

この詩はラテン語の俗語（初期イタリア語）をもちいたシチリア派抒情詩といわれる。フェデリーコ二世に仕えた官僚や法律家も詩を創作している。そのことについて、ダンテは、「俗語詩論」のなかで、次のように述べている。

シチリアの俗語は、いずれの俗語にもまさる名声を博しているように見える。すなわちイタリア人のつくった詩はすべてシチリアの詩と呼ばれ、またシチリア出身の数多くの詩人が格調高い詩作をしたことが知られているからである。

シチリアのフェデリーコ二世の宮廷で俗語による清新体派の詩が詠われたことについて、岩倉具忠は次の二点を指摘している。一つはフェデリーコ二世がドイツからプロヴァンス出身のトルバドゥール、吟遊詩人を引き連れて帰還し、抒情詩のモデルを宮廷で提示したこと、もう一つは「プロヴァンスの宮廷によく似た（北イタリアの）サヴォイア、モンフェッラート」の宮廷から、一三世紀以前より多数のトルバドゥールがシチリアに渡来していたことである。

　二点目について、推測の域を出るものではないが、モンフェッラートのプロヴァンス出身のトルバドゥールは、前述した「ロンバルディーア人」とともにシチリアに渡来したと考えられないだろうか。かれらはシチリア派の詩の下地を準備し、その影響をうけたものがフェデリーコ二世が創設したナーポリ大学で学び、役人として宮廷で働いた。その役人の「約二五人」が「一二三〇年から一二五〇年までの約二十年」に盛んに詩作を行ったのではないだろうか。

　フェデリーコ二世は中世人としての枠を超えた、稀有な人物であったことで、伝説が広く流布し、いまもそれらを主張する人が後を絶たない。そうした俗説の一つ一つを論破しているのが、前掲の歴史家フェルディナンド・マウリーチである。

　フェデリーコ二世の多彩な才能から生まれた神話として、パレルモの宮廷はビザンツ、アラブ、ヨーロッパの文人・学者などが集い、文化活動の中心となったというものがある。しかし、フェデリーコ二世時代のパレルモには華麗な宮廷は存在しない、いかなるシチリア派の詩も王宮の壁のなかに存在しない、とマウリーチは言いきっている。

　ノルマンの王たちがパレルモあるいはメッシーナの宮殿で過ごしたのと異なり、フェデリーコ二世は皇帝の地位を争ったドイツ、十字軍で赴いたエルサレム、領主の反乱を鎮圧した南イタリアのプーリア、教皇派の諸都市と戦ったロンバルディーアと各地に滞在し、定まった宮廷を置いていない。

　かれが滞在するところに宮廷が置かれた。フェデリーコ二世は、ヨーロッパ中世の他の王たちと同様に、定住地をもたない遍歴の王であった。シチリア派の詩は、パレルモの王宮といった特定の場所で生まれたのではない。宮廷詩人は、パレルモの王宮ではなく、フェデリーコ二世に従って移動しながら詩を創作したのである。たしかに、フェデリーコ二世は幼い時代を壮麗なパレルモの王宮のなかで過ごしている。しかし、一二四〇年と一二四九年に戻ったという説もあるが、かれは一二三二年以降はシチリアを訪れていない。

ホーエンシュタウフェン家の最後

フェデリーコ二世の遺言に従って、イザベル・ヨランダとの間に生まれたコッラード四世がシチリア王となり、ナーポリを占領するも急死した。

教皇インノケンティウス四世は、呪うべき天敵であるホーエンシュタウフェン家の完全な撲滅のために、忠実なシチリア王を探した。最終的に、教皇はフランスのルイ九世の弟で、アンジュー家のシャルル、すなわちシャルル・ダンジューをシチリア王に選んだ。

シャルル・ダンジューに敵対するシチリアの貴族は、シチリアの議会で「シチリアの意志(voluntas siculorum)」として、フェデリーコ二世の非嫡出子マンフレーディをシチリア王に選出した。「シチリアの意志」は、その後のアラゴン時代にも表明されることになる。

マンフレーディはフェデリーコ二世の側近として仕え、直接に帝王学を学び、父親に似て美男子であったことから、「父親の徳を受け継ぐ、紛れもない継承者」といわれた。一二五八年、マンフレーディはパレルモで戴冠した。

マンフレーディはベネヴェントの戦いで衆寡敵せず、シチリア王として戴冠したシャルル・ダンジューに敗北した。手足が切断されたマンフレーディの遺体は、教皇から破門を受けたものとして埋葬されることなく、橋の下に捨て置かれ、カラスの餌食となったという。

悲惨な結末を迎えたマンフレーディは、教皇やフランス人と戦ってシチリアの独立を守ろうとした悲劇的な英雄として、シチリア人に長く語り継がれることになる。ダンテは、『神曲』（煉獄編第三歌一一二〜一一六行）で、マンフレーディの最期を詠っている。

私はマンフレディ、后コスタンツァの孫の。
ゆえをもて私は君に冀《こいねが》う、
君、現世に帰るの日、
シチリアの、またアラゴーナの誇りの母
なる、わがうるわしい娘のもとに赴き、

最後に残ったホーエンシュタウフェン家の後継者は、ドイツにいたコッラードの子コッラディーノである。軍を率いて南下したコッラディーノはタリアコッツォでシャルル・ダンジュー軍に敗北、ナーポリの広場で打ち首となった。ダンテはナーポリで公開斬首となったコッラディーノを無実の犠牲者と記している。

ホーエンシュタウフェン家は、タンクレーディの未亡人シビッラとその子どももふくめて、ノルマンの血を断った。その天罰とでもいおうか、シチリアのホーエンシュタウフェン家はシャルル・ダンジューによって残酷な終末を迎えたのである。

5　「シチリアの晩禱」事件

「シチリアの晩禱《ばんとう》」事件とは、フランス支配に対するシチリア人の反乱である。アンジュー家のシャルルがシチリア王になって一六年後の一二八二年、パレルモ郊外にあるサント・スピーリト教会の広場で、復活祭にあたる三月三一日に事件は起こった。教会の夜の祈り、ヴェスプロ（Vespro）の鐘が鳴る時刻であったことから、「シチリアの晩禱」事件と呼ばれることになる。

一九世紀のイタリアの歴史家、ミケーレ・アマーリは一八四七年に『シチリアの晩禱』を出版した。かれは「シチリアの晩禱」事件の発端を次のように記している。

「フランス人に死を」

高貴な身なりの上品な、若くて美しいパレルモの女性が夫や友人たちと連れだって教会に向かっていた。ドローエという名のフランス人兵士が、解放感から一人の女性を呼び止め、身体検査と称して、武器を探すふりをして、手荒に胸をさわった。彼女は気を失い、夫の腕の中に倒れ込んだ。怒り狂った夫は「フランス人なんかみんな死んでしまえ」と叫んだ。群衆のなかから飛び出した一人の青年が、ドローエから奪った剣を、彼の心臓に突き刺した。この行動が何世紀にもわたって自由を求めてきた奴隷たちをついに目覚めさせた。人々は「フランス人に死を」と口々に叫んだ。この言葉は（当時の年代記によれば）神の審判のように響き、遠く農村にまで波及し、すべてのシチリア人の心をとらえた。（中略）仲間は絶望的に石や棒、ナイフなどを手に、完全武装のフランス人と戦った。シチリア人はフランス人を探し出し、手足をめった切りにした。「フランス人に死を」と口々に叫ぶパレルモ市民は、フランス人と結婚した女性、フランス人修道士、フランス人には難しい「チチリ」と発音できない者を殺害した。その数は二〇〇〇人以上に上ったという。

フランス人役人が逃亡した役所や警察では、アンジュー家の旗にかわって、ホーエンシュタウフェン家の紋章である鷲の旗が掲げられた。歴史的に競合・敵対し、ライバル関係にあった西のパレルモと東のメッシーナの二つの大都市が連携して、アンジュー家支配と戦った。

今も残る憎しみ

「シチリアの晩禱」事件に関連して、「シチリア人のアンジュー家に対する憎しみは、何世紀も経ているが、今日もまだ完全に消え去っていない」という指摘がある。これは二〇世紀後半に出版された、一般向けの『シチリア人の歴史としてのシチリア史』で、シチリア人の歴史家コッレンティが述べたものである。正直なところ、七〇〇年前のシャルル・ダンジューに対する憎しみが未だにシチリア人の意識に残っているという指摘には驚いた。

確かに、「シチリアの晩禱」事件から一八世紀まで、シチリアの民衆レベルでは、フランス、フランス人は、ネガティブなイメージであった。「空腹、飢え」を表すのに、シャルル・ダンジュー時代の悪政の隠喩として、「フランス」という言葉が使われた。

だが、知識人においては、おそらく一七世紀ごろから、フランスがポジティブに語られるようになる。フランスの啓蒙思想の影響をうけたドメニコ・カラッチョロがシチリア副王となった時代に、ルソー、ヴォルテール、モンテスキューの著作がシチリアの知識人にフランス語で読まれた。一九世紀になると、アマーリのように亡命地としてフランスを選ぶものも少なくなかった。

事件の原因

「シチリアの晩禱」事件の原因について、一般的な解釈は次のようなものである。シャルル・ダンジューが支配するようになって、シチリア王国はパレルモからナーポリに遷都し、ノルマン以来のシチリアの歴史と慣習が無視され、シチリア議会は開催されることなく、フランス人の行政官に統治された。

シャルル・ダンジューのシチリアに対する関心は穀物が生産される豊かな土地を占有し、地中海への勢力拡大の拠点とすることであった。シャルル・ダンジューはチュニジアに向かう途中に、一度だけパレルモに立ち寄っただけで、ナーポリに住み、シチリアを訪れることはなかった。アンジュー家に対するパレルモの不満が蔓延し、爆発寸前にあった時に、フランス軍兵士がシチリア女性に行った不埒《ふらち》な行動が火をつけ、事件が起こり、フランス人の虐殺が始まった。

しかし、アンジュー家がシチリアに課した税は、ノルマン時代、そしてフェデリーコ二世の治世と大きく変わらなかったことから、税に対する不満が「シチリアの晩禱」事件の要因ではなかった。また、陰謀の首謀者が、アンジュー家のシャルルに代えてアラゴン家のペドロ三世をシチリア王に担いだことからしても、外国人支配への反乱ではなかった。

突然にシチリアに激震が襲ったように思える「シチリアの晩禱」事件の要因は、王権と都市の関係

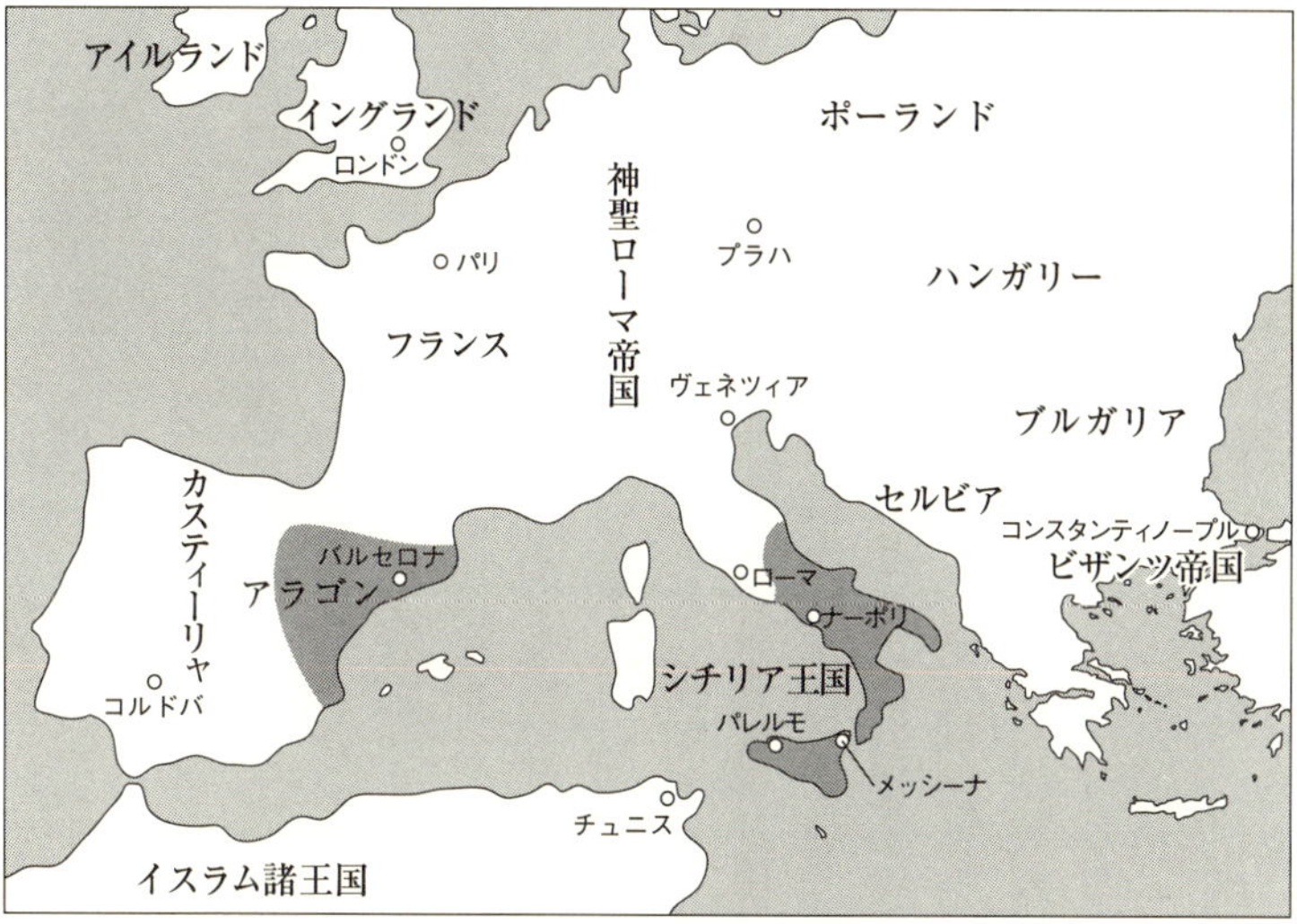

「シチリアの晩禱」事件の頃の地中海・ヨーロッパ世界

がすでに困難なものとなっていたフェデリーコ二世の最後の時代から存在していた。ホーエンシュタウフェン家の権威、すなわちフェデリーコ二世の支配に陰りが見えていた時期にすでに生まれていた。それは、事件の勃発直後から、シチリアの諸都市が北イタリアのように自治を要求していることからもわかる。ある年代記作者は、事件の要因を、シチリアの諸都市が北部・中部イタリアの都市国家に倣おうとしていたと記している。

フランス人をシチリアから追放した後に、共和制による独立したシチリアの樹立を目指す都市連合（Communitas Siciliae）は、ペドロ三世が国王を宣言するまでの約五ヵ月にわたってシチリアを統治している。しかし、共和制を支持する都市メッシーナと、シチリア王国の復活という君主制を主張するパレルモの間には対立があった。

世界史から見た「シチリアの晩禱」

イギリスの歴史家ランシマンは、その著書『シチリアの晩禱』において、一三世紀の地中海世界をめぐる利害が複雑に交錯した事件として論じている。ランシマンによれば、「シチリアの晩禱」事件はヨーロッパの国際関係が交錯する、壮大な陰謀の一環であった。

陰謀を主導したものは、マンフレーディの娘コスタンツァが嫁いでいたアラゴンのペドロ三世に介入を求めた。ペドロ三世は、伝統的な領土であるプロヴァンスがアンジュー伯領となったことで、シャルル・ダンジューと反目していた。ペドロ三世は、地中海世界でのアラゴンの政治的・経済的覇権の確立を目指して、「シチリアの晩禱」事件前夜に、シチリア王位継承の権利を公然と要求していた。シャルル・ダンジューは、教皇マルティヌス四世の支持を後ろ盾に、ビザンツ帝国を西側の手に取り戻そうとしていた。この計画に脅威を感じていた皇帝ミカエルは、シチリアの危機を利用して、アンジュー家の脅威から解放され、地中海での勢力を回復しようと考えた。「シチリアの晩禱」事件は、このように複雑な地中海世界を舞台として、起こったのである。

陰謀家ダ・プロチダの活躍

ペドロ三世をシチリア王とする陰謀は、王妃コスタンツァを頼ってアラゴンに亡命していたフェデリーコ二世の側近たちによって準備された。その中心人物がフェデリーコ二世の死に立ち会い、遺言に署名したジョヴァンニ・ダ・プロチダである。かれは、イスラームの影響を受けて設立された、ヨーロッパで最古のサレルノ医学学校で学んだ有能な医者であった。

かれは絶対的な力を持つ神のように、困難であるが壮大な陰謀を企て、成功に導いた「デウス・エクス・マーキナー（機械仕掛けの神）」と呼ばれる。かれの他に、コスタンツァの乳母の息子で海軍提督のルッジェーロ・ディ・ラウリア、マンフレーディの代理をつとめたリッカルド・フィランジェリなどが陰謀事件を準備した。

ダ・プロチダが密かにシチリアに送り込んだ密使は、アンジュー支配に敵対するノルマン時代からの貴族と接触した。ダ・プロチダは、イギリス、ビザンツ帝国、イタリアの皇帝派勢力を巻き込み、シャルル・ダンジューと教皇ニコラウス三世を孤立させ、アラゴンのシチリア介入を図った。この陰謀を可能にしたのはビザンツの黄金であった。コンスタンティノープルの財政的支援がなければ、「シチリアの晩禱」事件は成功しなかったであろう。

七〇歳に手の届こうというダ・プロチダは、修道士を装って各地を回り、陰謀を準備した。かれはコンスタンティノープルを訪ね、ビザンツの皇帝ミカエルに謁見し、シャルル打倒の陰謀計画を打ち明けた。ダ・プロチダがコンスタンティノープルを去る時、皇帝から工作資金として大量の黄金が渡された。ダ・プロチダはその足でシチリアに向かい、その地の貴族を説得した後、ヴィテルボに滞在していた教皇ニコラウス三世を訪ねている。

傲慢なシャルルに不快感を示していた教皇は、ダ・プロチダが黄金をたずさえて来たことや、信頼できる侍医であったことから心を許し、陰謀に理解を示した。バルセローナに戻ったダ・プロチダの報告に、ペドロ三世は半信半疑であったが、教皇の書状を見て、陰謀工作の続行を命じた。

歴史家ランシマンは、当時の教会文書にシャルルに代えてペドロ三世をシチリア王とする文書がまったくないことから、教皇の陰謀に対する暗黙の了解を全面的に支持することはできないとしている。しかし、ビザンツとアラゴンの間で何らかの外交的接触はあったし、用船契約書などからダ・プロチダの陰謀の旅も動かしようのない事実であり、陰謀工作の多くは納得できるものという。ダ・プロチダはふたたび変装して、皇帝ミカエルの協力を確実なものとするためにコンスタンティノープルに赴いている。ビザンツ側はスパイや武器をシチリアに送りこんだ。陰謀の途中で教皇ニコラウス三世が死去し、その後を継いだ教皇マルティヌス四世は、皇帝ミカエルの陰謀への加担を知り、かれを破門とした。

シチリア史の分水嶺

ダ・プロチダの次の目標は、シチリアを訪れることもないシャルルや、傲慢で非道なフランス人役人に対する不満が高まっていたシチリアで騒乱を引き起こすことであった。ランシマンはいう。「ヨーロッパのなかでシチリア人は最も陰謀に長けていた。彼らの秘密結社への忠誠心は、家族の名誉に匹敵するほど強いものであった」。

アンジュー家支配に強い不満を抱いていたシチリア人は、ダ・プロチダなどに「完璧な活動の場」を提供した。すべてが密かに準備された。このように、突発的に火を噴いたかに見える「シチリアの晩禱」事件の背景には地中海支配をめぐる壮大な陰謀が進んでいたのである。反乱が起こるや否や、反アンジュー勢力は民衆の革命的エネルギーを直ちに掌握し、シチリア全土に騒乱を拡大した。

シチリアをめぐる複雑な陰謀を注意深く見ていたアラゴンのペドロ三世のもとに、パレルモから連絡が届いた。それは、王妃コスタンツァとの婚姻関係にもとづき、アンジュー家からシチリアを救う正当な権利において、アラゴンの軍事介入を要請するものであった。ペドロ三世のシチリア遠征は一二八二年春と決定した。

ペドロ三世は表向きはチュニジアのイスラーム勢力を攻撃するためとして艦隊を調えていた。自信満々のシャルルは、アラゴン艦隊が集結しているという情報を得ながらも、ビザンツ帝国の攻撃のために、ヴェネツィアの船が到着するのをメッシーナで待っていた。風前のともしびであったビザンツ帝国の皇帝ミカエルはシチリアの反乱に一縷の望みを託していた。

ペドロ三世はシチリア西端のトラーパニに上陸し、パレルモに入城した。かれは、ノルマン時代に授与された領主の特権と法を順守することを議会で宣誓し、シチリア王を宣言した。

「シチリアの意志」による、アラゴン王が支配するシチリア王国が誕生した。それによって、メッシーナ海峡をはさんで、アラゴン家支配のシチリアと、ナーポリに首都を置くアンジュー家支配の南イタリアは、それぞれ別の王が治めることになる。

「シチリアの晩禱」事件は、ノルマン以来のシチリア王国との断絶を印す「シチリア史の分水嶺」であった。それ以降、シチリアは、長い間にわたって、イタリア半島との門戸を閉ざし、アラゴン、スペインの周縁となった。

第三章

長くて、深い眠り

一三世紀末に始まるアラゴン・スペイン支配は、シチリアにとって長くて、暗い時代だった。それまでのノルマン・ホーエンシュタウフェンの時代とは異なり、王権が著しく弱体化し、ノルマン以来の古くからの貴族と、イベリア半島から渡来した新しい貴族がシチリア支配をめぐって対立抗争を続けた。この時代に、シチリアはイベリア半島との結合を強め、イタリア半島との関係は弱まった。シチリアは、イタリア半島とは異なる歴史的展開をみることになる。

シチリアは、ルネサンスを経験することはなかった。ヨーロッパで宗教改革が進んでいた時代に、シチリアには異端審問所が設置され、多くのユダヤ人が追放された。オスマン帝国の進出に対抗して、シチリアはキリスト教世界の防波堤として、城塞化された。

一五世紀末に、いわゆる「大航海時代」に入ると、西ヨーロッパ諸国の関心は地中海よりも大西洋に向けられ、シチリアはヨーロッパの周縁となり、歴史の舞台から消えた。その時期の地中海はイスラーム教徒の海賊が横行した。シチリアは山賊が跋扈《ばっこ》し、地震や疫病に見舞われた。

だが、貴族たちは、長くて、暗いアラゴン・スペイン時代に、豪奢、富、祝祭をこよなく愛し、浪費やこれ見よがしの贅沢の趣向、虚飾などの行動規範を身につけた。「スペイン人のような派手好み」を意味する「スパニョレスコ（spagnolesco）」という語は「スペイン人ではなくシチリア人によりふさわしい」といわれたように、シチリア人は虚栄を誇示するようになった。

一八世紀に入るや否や、シチリアは、あたかもチェスのコマを動かすかのように、ヨーロッパの国際政治に翻弄され、次々と支配者が代わることになる。スペイン・ブルボン家の支配時代に、啓蒙的改革が始まり、異端審問所は廃止され、シチリアにも光が射すことになる。その時代に、ゲーテのようにシチリアを訪れたヨーロッパ人によって、シチリアが「再発見」される。

1　シチリアの長く暗い時代

ナーポリとの九〇年戦争

「晩禱《ばんとう》」事件から五ヵ月後、シチリアに到着したアラゴン家のペドロ三世は、パレルモで戴冠式を行った。シチリアの支配階層には、アラゴン家の新しい国王は征服ではなく、シチリア人の要請によるものという意識があった。

ペドロ三世が目指したのは、ノルマンとホーエンシュタウフェンの両王朝の遺産を継承し、かつてのシチリア王国を再建することであった。しかし、かれは数ヵ月の滞在でシチリアを去った。シチリアを去るにあたって、ペドロ三世は、後述するシャルル・ダンジューとの決闘で命を失うことも考え、後継者を決めていた。長男のアルフォンソ三世をアラゴンの、次男のジャーコモ一世（スペイン語　ハイメ）をシチリアの王として、アラゴンとシチリアをそれぞれ異なる国王が統治することにした。

アラゴン家とアンジュー家の長い戦争の序曲となる、中世の騎士道精神を彷彿とさせる事件がある。シャルルは、ペドロ三世に決闘でシチリア王を決めることを提案した。決闘は双方とも一〇〇人の騎士による馬上槍合戦で、ボルドーのイギリス国王所有地で行うこととなった。しかし、一二八三年六月一日という日付は設定されたが、時間は決められていなかった。

夜明け前に決闘場所に現れたペドロ三世は三時間待ったが、シャルルが現れないので、兜と盾を残してその場を去った。シャルルはその日の午後に現れたが、ペドロ三世が来ないのでその場を去った。二人とも身を賭して戦う意思はなく、お互いを臆病者と罵って、溜飲を下げた。

ペドロ三世は未完の決闘の後、アンジュー家支配のカタルーニャを奪還しなければならなかったことや、教皇がアラゴン王を廃位し、フランス人を王位につける画策をしていたこともあって、シチリアに戻ることはなかった。

シャルルの後継者はシチリアを、ペドロ三世を継いだものはナーポリを諦めることなく、長い戦いが続いた。シチリアから放逐されたアンジュー家はシチリアを奪還すべく、アラゴン家は南イタリアとシチリアからなる王国の復興を目指して戦争を続けた。戦争は双方に決定的な勝利をもたらすことなく、断続的に続く消耗戦となり、それによってシチリアは疲弊していった。

「晩禱」事件の主役、シャルルとペドロ三世、そして教皇マルティヌス四世は、一二八五年に、ほぼ同時に亡くなった。その時、シャルルの後継者シャルル二世はナーポリ沖の海戦でアラゴン軍につかまり、投獄されていた。かれは、教皇を加えた長い交渉の末に釈放され、ナーポリ王の座についた。

アンジュー家は、シャルル二世に続くロベールの長い治世に、シチリア攻撃を繰り返した。アラゴン家のイタリア本土への攻撃も限られてはいたものの、止むことはなかった。その戦いは、一三七二年にフランス南東部のアヴィニョンで講和が結ばれるまで、九〇年近く続くことになる。

「シチリアの意志」の表明

ペドロ三世の遺言に従って、アルフォンソ三世がアラゴンの、次男のジャーコモ一世がシチリアの王国を継承した。ところが、未婚で、後継者がいなかったアルフォンソ三世が突然に死去すると、アラゴン王となったジャーコモ一世はシチリア王でもあることを主張し、ペドロ三世の三男フェデリーコをシチリア王ではなく、国王代理とした。それはアラゴンとシチリアを別々の王が治めるというペドロ三世の遺言に反するものであった。

ジャーコモ一世は、教皇ニコラウス四世と密かに交渉し、シチリアをアンジュー家に戻すことと交換に、サルデーニャとコルシカの二島を得る協定を結んだ。シチリアの頭越しに行われたジャーコモ一世と教皇の協定に、シチリアの貴族、都市は激しく反発し、「シチリアの意志」として、シチリア王ジャーコモ一世の失墜と、国王代理のフェデリーコをシチリア王とすることを宣言した。

フェデリーコを王に選んだシチリアの貴族は、アラゴン家がシチリアの権利を尊重する限り、忠誠を尽くすが、もしそうでなければ、「晩禱」事件で獲得したシチリアの自由と権利を守るのが「シチリアの意志」である、と考えた。

「シチリアの意志」について、歴史家アントーニオ・デ・ステーファノは、教皇・ナーポリ王・アラゴン王に抗して、シチリアを意のままにさせないという、「シチリア人の英雄的な意識」であり、「歴史の主役はシチリア人」であることの表明と指摘している。シチリア人が選んだ王フェデリーコは貴族のコントロール下に置かれるが、それはシチリアにおける王権の弱体化を意味している。

カルタベロッタの和約

幼少の時からシチリアに住み、シチリア人として成長したフェデリーコはフェデリーコ三世としてシチリア王となった。ここで指摘しておかねばならないのは、「世界の驚異」と呼ばれたフェデリーコ二世（フリードリヒ二世）は神聖ローマ帝国皇帝としては二世であるが、シチリア王としては一世であり、アラゴン家のフェデリーコはシチリア王としては二世でなければならない。しかし、フェデリーコは、母コスタンツァがホーエンシュタウフェン家の血を引くことから、赤髭王から数えて「三世」を名乗ったのである。それは、ホーエンシュタウフェン家との連続性を意識した、シチリアの「すぐれて民族的な主張」の表明であったと指摘する歴史家もいる。

フェデリーコ三世が兄ジャーコモ一世の意志に反してシチリア王となったことで、アンジュー家との戦争にアラゴン家の兄弟対立が加わった。ジャーコモ一世はシチリアをあきらめることはなかった。

フェデリーコ三世は、一三〇二年に、教皇には内密に、ナーポリ王ロベールとシチリアのカルタベロッタで和解した。その内容は、アンジュー家にシチリア王の称号を与え、フェデリーコ三世はシチリアの古称であるトリナクリアの王となること、フェデリーコ三世没後はアンジュー家の後継者にシチリアを譲渡するというものであった。しかし、シチリアの指導階層から激しい反発を受け、カルタベロッタの和約は破棄された。

フェデリーコ三世の四〇年の治世

フェデリーコ三世の治世は四一年と長かった。かれは、ホーエンシュタウフェン家の末裔として、シチリア王国の復興を願ったが、それにはあまりに弱い王であった。ただ、ノルマンの王たちと同様にシチリアに住み、シチリア王国を再建しようとしたフェデリーコ三世の内政は特筆すべきものであった。「公正で寛大な理想的君主」と評されたフェデリーコ三世は、自立したシチリア王国を目指した。

かれは、封建領主を懐柔し、不安定な王国からの脱却のために、国王の同意なしに領主が独自に防備をし、封土は贈与あるいは相続できるという、ヴォレニス法を定めた。しかし、その法はのちに国王に対する封建領主の権利の根拠となる。

フェデリーコ三世は、アラゴン家とアンジュー家に対抗する体制を確立するために、貴族の称号を気前よく乱発した。それは貴族階層を肥大化、強大化させ、後に火を噴くことになる。かれはシチリア王に戴冠した時、前王ジャーコモ一世が任命した四〇〇の騎士に加えて、さらに三〇〇の騎士の爵位を授与し、封土を与えた。一四世紀には、シチリア王国の要職を独占したノルマン時代からの上層貴族の他に、六七の中流の貴族、一四四の小貴族が存在していた。

爵位の乱発は封建領主を王室に結合させるのが目的であったが、有力貴族は大土地所有地を独占的に支配し、王権に対抗する勢力となった。それによって、シチリアの王権は財政だけでなく、政治でも不安定なものとなった。

フェデリーコ三世は、一二九六年に、シチリア王国の法と制度にかかわる、いわゆるフェデリーコ憲法を発布した。それは、聖職者、封建領主、都市代表から成るシチリア議会を一年に一度、一一月一日に招集し、戦争・講和・外交・行政など国家の重要課題を討議することを定めている。

フェデリーコ三世は、アンジュー家との戦いが続いていたなかでも、文学、科学、芸術を振興し、イスラーム教徒やユダヤ教徒の権利を保障し、賭けごと・贅沢を取り締まり、社会秩序を立て直した。

フェデリーコ三世は一三三七年に亡くなった。清貧な生活を送り、「シチリアの良識的な勢力を信頼し、シチリアの古い王国を刷新し、新しい局面を切り開いた」王の死に、シチリア人は涙した。かれは「伝説の王」と呼ばれ、「シチリアの最後の偉大な君主」と称賛された。カターニアの大聖堂には、「シチリア人は泣いている。空の天使は祝福している。フェデリーコ王は亡くなった」と、かれを讃える詩が掲げられている。

「ラテン派」貴族と「カタルーニャ派」貴族の抗争

フェデリーコ三世の治世末期から統一的な古い王国が崩壊し始め、シチリアに夜の帳《とばり》がしだいに降りてきた。貴族階層の対立を調停するのが王の役目であったが、貴族に支配された王は、貴族の対立抗争に翻弄されることになる。

指導階層であるバローネ、すなわち貴族は、シチリアの都市と農地の四分の三を支配し、自らの特権と地位を守ろうと、党派を組んで、王権に対抗する存在となっていた。一八世紀の歴史家ロザリオ・グレゴーリオは、バローネを「反国家」的な存在と指摘している。

王権の衰退に伴って、二つの貴族勢力が対立・抗争することになる。一つはノルマン時代に起源をもつ「ラテン派」貴族で、もう一つはアラゴン家の支配とともにシチリアに住み着いた「カタルーニャ派」貴族である。

「ラテン派」はシチリア西部地域を支配する、ノルマン以来の由緒ある有力貴族であるキアラモンテ家を盟主とする勢力である。かれらは、所領の拡大と権力の増強を望み、ルッジェーロ二世やフェデリーコ二世の栄光を取り戻すことを夢見ていた。

キアラモンテ家はフランスのクレルモン出身で、ノルマン人に続いてシチリアに到着し、拠点をラグーザに置いた貴族である。公職を独占したキアラモンテ家はパレルモを国家のなかの国家のように支配した。カッカモの城やパレルモのキアラモンテ宮殿、別名ステーリ宮殿は、その財力・政治力を示している。

ヴェンティミーリア家は、苗字から祖先は北イタリアのリグーリア地方と言われるが、ノルマン王家と姻戚関係のある貴族で、シチリアで大きな影響力を行使した。ロッソ家もノルマン王家につながる由緒ある貴族で、広大な領地を所有するとともに、他の有力貴族と並んで要職を世襲的に堅持した。ランチャ家は、北イタリアのモンフェッラートなどを支配していた、前述した「ロンバルディーア人」につながる一族である。

カッカモの城

「カタルーニャ派」の貴族は、一四世紀中葉以降、イベリア半島のカタルーニャ、バレンシア、マヨルカなどからシチリアに渡来し、シチリア南東部のヴァル・ディ・ノートの全地域を支配していた。そのなかには、カターニアを支配したアラゴーナ家、モンカーダ家、カブレーラ家、カルチェラーノ家などが存在した。かれらは「ラテン派」に比べて数は少ないが、アラゴン家の後ろ盾もあり、勢力を保持した。

一四世紀後半のシチリアは、キアラモンテ家を盟主とする「ラテン派」貴族と、アラゴーナ家に代表される「カタルーニャ派」貴族の抗争の時代と言ってもいいであろう。

貴族の内乱は、最初はアラゴン家に敵対するか、支持するかというものであったが、その後はシチリア王国の主導権にかかわる争いに変わった。争いの場は宮廷内部からシチリア全土に広がった。その抗争で、シチリアに敵対的なアンジュー家と手を組む貴族もいた。

貴族たちの苛烈な政治・軍事抗争は、きわめて厳しい選別をもたらした。敗北したものは謀反の烙印を押され、財産は没収され、亡命を余儀なくされた。のちにシチリアに戻っても、以前の政治的な地位に復帰することはなく、消滅したものもいた。

「カタルーニャ派」の有力貴族で、最高司法官であったアルターレは、「ラテン派」と「カタルーニャ派」の協定を締結し、支配地域を四等分した。四つの貴族は「四人の国王代理人政府」として、シチリアを分割統治した。シチリア西部はキアラモンテ家、ヴェンティミーリア家、東部はアラゴーナ家、アグリジェント沿岸地域はペラルータ家が、それぞれ支配した。かれらは、それぞれが奪ったものをすべて承認し、王国内部の勢力圏を分け、政府機関は派閥間で分担した。

フェデリーコ三世後に、ピエロ二世、ルドヴィーコ、フェデリーコ四世と続いたが、「単純王」と呼ばれたフェデリーコ四世は貴族階層の人質のようなもので、王としての敬意を貴族から表されることはなかった。

アンジュー家との九〇年間にわたる長い戦争は一三七二年に終結した。アンジュー家はシチリア王国を承認し、シチリアはアンジュー家の家臣として貢納金を支払うことになった。この屈辱的な取り決めで、シチリアの権威は決定的に失墜した。

マルティーノ親子の支配

フェデリーコ四世が亡くなると、男子の継承者がなかったので、一〇歳を越えたばかりの王女マリーアが王位を継承し、アラゴーナ家のアルターレが摂政をつとめた。アルターレは、シチリア王国の地位を確実なものにするために、ミラーノのヴィスコンティ家のジャン・ガレアッツォとマリーアの結婚を画策したが、成功しなかった。

その時、「カタルーニャ派」の有力貴族で、「四人の国王代理人政府」から排除されていたモンカーダは、カターニアのウルシーノ城から王女マリーアを誘拐し、バルセローナに連行した。

ウルシーノ城

アラゴンのペドロ四世は女性の王位継承をサリカ法典で禁止されていると、自らシチリアの王位を主張した。これに対して、シチリアの代表的貴族は結束して、アラゴンのシチリア介入を阻止した。

ペドロ四世はマリーアを、甥のマルティーノと結婚させた。父親の名も息子と同じくマルティーノで、「青年マルティーノ」と「老人マルティーノ」と区別される。「老人マルティーノ」は軍勢を率いてシチリアに上陸し、一四〇二年、「青年マルティーノ」をシチリア王とした。

新しい国王とシチリア貴族の間で衝突が起こったが、都市貴族と中小貴族の大部分は新しい国王を支持した。有力な大貴族は、支配地を失い、特権が制限されることを恐れて、新しい国王に抵抗した。

キアラモンテ家は単独でアラゴン軍に立ち向かって戦い、敗北した。アンドレーア・キアラモンテは反乱者として自らのステーリ宮殿の前で首をはねられた。キアラモンテ家の財産は没収され、モンカーダ家とカブレーラ家に分割された。

「青年マルティーノ」は貴族の反乱で揺らいでいた王権を回復すると、シチリア王国の首都をカタールニアにおき、カタルーニャから来た貴族に領地を付与した。その治世に、シチリアとイベリア半島の結合はさらに強化された。しかし、「青年マルティーノ」が突然に亡くなると、歴史的に珍しい例であるが、父親である「老人マルティーノ」が息子の王位を継いだ。かれも一年足らずで死去すると、シチリアは混乱時代に入った。

一人の国王の二つの王国

シチリア王はアラゴン王フェルナンド一世が兼ねることになる。シチリア固有の王は否定され、アラゴン王がシチリアを支配することになったのである。アンジュー家との戦争、貴族同士の争いで疲弊していたシチリアには、その決定に抗する力は残っていなかった。シチリアは固有の法律と制度を保持したが、アラゴン王家の領地の一つにすぎなくなった。

フェルナンド王もわずか四年で亡くなり、アルフォンソ五世(雅量王)の四二年という長い治世が始まる。かれは、七年にわたるアンジュー家との戦いの末、ナーポリに入城し、ナーポリ王に即位した。アルフォンソ五世はナーポリ王国とシチリア王国を支配し、「両シチリアの王」(レックス・ウトリウスクエ・シキリアエ)と名乗ったが、両国を統合するには至らなかった。

アルフォンソ五世は、議会を定期的に開催すること、議会の同意なしにいかなる課税も行わないことを認め、シチリアの支配階層と一種の非交戦の協定を結んだ。都市では北部・中部イタリアの商人や金融業者が土地や爵位を得て、行政の要職につき、力をつけていた。例えば、パレルモで金融業を営んでいたピーサ出身のセッティモ家は大土地を所有し、貴族の称号を得ている。

アルフォンソ五世の時代に、王家の血筋と関係のない、副王（実質的には総督）という肩書の役人がシチリアを支配することになる。副王の任期は最初は二年間であったが、一四八九年から三年に延長された。最初の副王から副王制が廃止（一七九九年）されるまで、一五六人の副王が存在している。そのなかでシチリア人は少数で、ほとんどがスペイン人であった。

一五世紀のシチリア文化と芸術

アルフォンソ五世の治世に、シチリアは中世から脱皮したともいわれる。しかし、シチリアにはルネサンスは見られない。一五世紀後半に、シチリアに活版印刷術が導入され、パレルモとメッシーナに印刷所が開設されるなど、人文主義運動の兆しはあったものの、発展を見ることはなかった。

シチリア出身の著名な人文主義者としては、アントーニオ・ベッカデッリ、通称パノルミータがいる。シチリア人の画家としては、「一五世紀ヨーロッパ芸術の巨匠の一人」と呼ばれるアントネッロ・ダ・メッシーナを忘れることはできない。かれの繊細で正確な構成、豊かな色彩の作品のなかで、秀逸なものがパレルモのシチリア州立美術館にある、「受胎告知を受ける聖母」の絵である。

「カトリック王」フェルナンド二世

アルフォンソ五世が一四五八年に死去すると、ナーポリ王国は庶子のフェルディナンド一世が継い

アントネッロ・ダ・メッシーナの「受胎告知を受ける聖母」

だ。シチリアはアラゴンを統治していた弟フアン二世がアラゴン、バレンシア、カタルーニャとともに統治することになる。フアン二世の時代に、シチリアはナーポリと切り離され、イタリア本土とは疎遠になった。

フアン二世の後にシチリア王位を継承するのが、フェルナンド五世である。かれが一四六九年にカスティーリャ王女イサベルと結婚すると、カスティーリャ＝アラゴン連合王国、すなわちスペイン王国が誕生し、イサベルが初代スペイン王国女王となる。ちなみに、イサベルの支援を得たコロンブスは新大陸に到着し、大航海時代が始まる。

アメリカの歴史家イマニュエル・ウォーラーステインは、一五～一七世紀の大航海時代に地球的規模に拡大した商業活動の分業体制を「近代世界システム」と述べ、豊かな国や地域である「中核」と、貧しい国や地域である「周辺」に分けている。この区分に従えば、シチリアは、世界各地に植民地を拡大して「太陽の沈まない国」と呼ばれた「中核」であったスペインの「周辺」に位置した。

スペインの異端審問所

スペインは一四九二年に、イスラーム勢力の拠点であったグラナダ王国を征服し、レコンキスタ、すなわち国土回復運動が終了した。それによって、イサベルとフェルナンド五世は教皇アレクサンデル六世から「カトリック王」の称号を与えられた。「カトリック王」フェルナンド五世は、シチリアでは異端審問所を導入した王として記憶されている。

ローマ教会は正統教義を守るため、異端審問や魔女裁判をおこなう異端審問所（正式名は検邪聖省）を設けていた。宗教改革が始まると、カトリック諸国は対抗宗教改革をおこなうが、その中心となったのが異端審問所である。

フェルナンド五世は、教皇シクストゥス四世から特別な許可を得て、異教徒・異端を取り締まる異端審問所を設置した。しかし、スペインでは異端審問所がユダヤ教徒やイスラーム教徒を迫害するための機関として機能し、猛威をふるった。

教皇がフェルナンド五世の行動を容認せざるを得なかった背景には、オスマン帝国の拡大という当時の地中海情勢もあった。オスマン帝国はギリシアを支配下におき、イタリア本土を脅かし始めていた。イタリア半島の安全はスペインの軍事力によって守られていた。

シチリアの異端審問所とユダヤ人

スペインはシチリアにも異端審問所を設立し、ドミニコ修道会のアントーニオ・デラ・ペーニャを異端審問官として派遣した。なお、ナーポリでは抵抗が強く、異端審問所は導入されなかった。

シチリアにおける異端審問の最初の犠牲者はユダヤ人女性エウラリア・タマリットで、火刑に処せられた。フェルナンド五世は、シチリアのユダヤ人にキリスト教への改宗を強要し、従わないものを追放した。追放された裕福なユダヤ人の財産は没収され、王室の資産となった。

異端審問所は、異端や異教徒を排除するだけでなく、スペイン支配に抵抗するものに対する政治弾圧の手段としても機能した。政治的・司法的な権限をもっていた異端審問所は、シチリアの市民意識や権利意識の発展を阻害した要因の一つであった。

そもそも、シチリアにユダヤ人が住むようになったのは、古代ローマ時代のことである。紀元七〇年、ローマがエルサレムを破壊すると、ユダヤ人はローマ帝国領に離散し、シチリアにも多くのユダヤ人がたどりついた。かれらはコミュニティを形成し、イスラーム時代でも職人や商人として平穏な生活を送っていた。

ノルマン時代のシチリアで、人口の五パーセントを占めていたといわれるユダヤ人は、都市部でシナゴーグを建て、ユダヤ教の戒律とユダヤ法にもとづいて生活していた。しかし、アラゴン時代になると、ユダヤ人に対して不寛容になった。ユダヤ人は、城壁の外での生活を余儀なくされ、キリスト教徒より高い税を支払わなくてはならなくなった。復活祭の前の金曜日、キリストの受難の日である聖金曜日にはキリストを磔刑にした、キリスト殺しのユダヤ人に対する迫害・襲撃がおこるようになる。

異端審問所が導入された時、シチリアには五二のユダヤ人コミュニティが存在し、五万人近いユダヤ人がいた。追放令によってシチリアを出たユダヤ人は、ナーポリ、ローマ、北アフリカの諸都市へと逃れた。シチリアの人口構成を大きく変えるほどの数のユダヤ人の追放によって、長い年月にわたって形成されたシチリア文化の特徴の一つが消滅した。

神聖ローマ皇帝カール五世のシチリア支配

フェルナンド五世の王位を継承したのはハプスブルク家出身のカルロス一世（一五一九年に神聖ローマ皇帝となるカール五世）である。シチリア王国とナーポリ王国はハプスブルク家スペインに支配されることになった。

カルロス一世は、カスティーリャ王女フアナを母親に、ブルゴーニュ公フィリップを父親として生まれた。母方の祖父はアラゴン王フェルナンド五世、祖母はカスティーリャ女王イサベルである。父方の祖父は神聖ローマ皇帝マクシミリアン一世である。カルロス一世はヨーロッパ王族のサラブレッドであった。

馬上のカルロス１世。ティツィアーノ、1548年作、プラド美術館（マドリード）

カルロス一世がスペイン王を継承したのには母フアナの存在があった。フアナは、祖母イサベルの死後、夫フィリップとスペインを共同統治していた。夫フィリップが急死すると、フアナは精神を病んで、「狂った女王」と呼ばれることになる。その母に代わって、一六歳になったばかりの長男カルロスが王位に就いた。

祖父フェルナンド五世は、唯一の正

統な王位継承者である孫カルロスに王位を継がせる意思はなかったようで、イサベルの死後、フランス王ルイ一二世の姪にあたるド・フォワ（プレーネ）公女ジェルメーヌと再婚し、後継者をつくろうとした。しかし、事はうまく運ばず、彼女は亡くなった。

カルロス一世は、神聖ローマ皇帝となると、ヨーロッパからアフリカ、バルト海、さらにはメキシコ、ペルー、そしてアジア（フィリピン）まで広大な領域を支配し、繁栄をもたらした。そのことから、ある領土では太陽が沈んでいても、別の場所では出ていることから、スペインは「太陽が沈まない国」と呼ばれることになる。

2 オスマン帝国の脅威

「イタリア戦争」

カルロス一世からフェリペ二世の時代にかけてのヨーロッパの政治状況は、当時のイタリア半島、シチリアを知るうえで不可欠であるが、きわめて複雑である。ここでは大きな枠組みだけを示しておこう。

一六世紀のヨーロッパは、ルターによる宗教改革、オーストリアのハプスブルク家とフランスのヴァロワ家の「イタリア戦争」、オスマン帝国の勢力拡大などによって混乱を極めていた。

フランスのシャルル八世は、アンジュー家からナーポリを継承したと主張し、イタリアを南下し、ナーポリを占領した（一四九五年）。それは一六世紀中葉まで断続的に続くことになる、「イタリア戦争」の始まりである。フランスのイタリア介入を嫌う神聖ローマ皇帝マクシミリアン一世とイタリアの諸邦の同盟軍が反撃し、フランスは撤退し、スペインはナーポリを奪還した。

ハプスブルク家の発展の基礎を築いた皇帝マクシミリアン一世の死後、スペインのカルロス一世はフランス王フランソワ一世と皇帝選挙を争い、神聖ローマ皇帝に即位し、スペイン王を兼ねた。オーストリアとスペインの両側からハプスブルク家（神聖ローマ帝国・スペイン）に挟まれたフランスは大きな脅威を受け、イタリアの確保をめざした。イタリア半島に分立していた諸邦が、ある時はフランスと、ある時はオーストリアと手を組んだことで、戦争は複雑化、長期化した。最終的に、カトー・カンブレジ講和条約（一五五九年）で戦争は終結し、フランスはイタリア支配を断念した。

第二の「シチリアの晩禱」事件

フェルナンド五世を後ろ盾としてシチリアで権威をふるっていた副王モンカーダと異端審問所の苛烈な支配に対して、シチリア貴族は反乱を起こし、副王と異端審問官を追放した。

カルロス一世は、シチリアの要求を聞き入れ、副王をモンカーダからピニャテッリに替えた。この反乱を、外国人の苛烈な支配に対するシチリア人の反逆心が消えることなく、持続的に脈打っていたことを示すものとして、「第二のシチリアの晩禱」と呼ぶシチリア人の研究者もいる。

シチリアの反乱は終わらなかった。一五一七年に、モンカーダ追放の反乱に関与したピーサ出身の貴族スクワルチアルーポによる反スペインの反乱が起こり、下層民衆も参加した。貴族や都市の有力者を巻き込んだ陰謀は、スペインに忠誠を誓う貴族や裁判官・徴税人たちの追放を目的としていた。反乱はシチリア各地に広がったが、主要な貴族たちの支持を得ることができずに、失敗に終わった。

スクワルチアルーポは、ピーサのような共和制をシチリアに樹立することを考えていたといわれる。

続いて一五二三年には、パレルモの貴族インペラトーレ家兄弟を首謀者とする反乱が起こった。その目的は、シチリアにおけるスペイン支配を終わらせ、フランス保護下に独立した王国を樹立するというものであった。この陰謀も失敗に終わり、中心人物は打ち首となった。反乱者の財産はすべて没収され、かれらの首は鉄の籠に入れられ、異端審問の牢獄となっていたパレルモのキアラモンテ宮殿の壁に一七八二年まで展示されていた。それがスペイン支配に歯向かう者への見せしめであったことはいうまでもない。

オスマン帝国のヨーロッパ進出

一三世紀末に、トルコ系の部族が建てたイスラームのオスマン帝国は、東ヨーロッパ、西アジア、北アフリカまで支配圏を拡大し、一四五三年にはコンスタンティノープルを占領し、ビザンツ帝国を滅ぼし、ヨーロッパに入り、一五二九年にはオーストリアのウィーンを一ヵ月近く包囲した。いわゆる第一次ウィーン包囲である。オスマン帝国軍が撤退したことで、ウィーンの陥落はかろうじて免れた。

「ウィーン包囲」はドイツの宗教改革とも複雑に絡んだ、「イタリア戦争」の一環でもあった。フランスのフランソワ一世はスペインのカルロス一世に対抗するため、オスマン帝国とひそかに同盟を結び、カトリックであるにもかかわらずドイツのルター派諸侯の宗教改革を支援していた。

要塞化されたシチリア

シチリアは「イタリア戦争」の戦場となることもなく、ヨーロッパの政治的・軍事的舞台の外に置かれていたが、オスマン帝国の進撃に対する防波堤となった。カルロス一世は北アフリカに自ら軍を率いて向かい、オスマン帝国が進出していたチュニジアを征服した。

カルロス一世は、一五三五年にチュニジアからの帰途、最初で最後のシチリア訪問を行っている。凱旋したカルロスは、パレルモ市から贈られた白馬に乗って、中央門であるポルタ・ヌオーヴァをくぐった。長い間国王が訪れることがなかったシチリアの人々は大歓迎をした。

オスマン帝国は南イタリアのプーリアを占領し、一五三八年にはギリシア西岸のプレヴェザで、教皇軍・ヴェネツィア・ジェーノヴァなどからなるスペイン連合艦隊を破り、地中海全域の制海権を握った。

オスマン帝国との戦いに物的・人的支援を必要としたこともあるが、カルロス一世は、シチリア人の訴えに応じて、宗教裁判所を一〇年間停止している。しかし、一五三七〜七二年にはユダヤ教徒やイスラーム教徒に対する一九件の宗教裁判がシチリアで行われ、六六四人のうち六六〇人が有罪となり、「悔い改めない異教徒」の二二名が火刑、三八名が釈放、三二五人が拷問を受けて教会と和解し、二七五人がガレー船の奴隷となった、と指摘する研究がある。

カルロス一世は、オスマン帝国と手を組んだフランスとの戦いのために、ジェーノヴァを味方に引き入れ、シチリアを要塞化する。かれは、パレルモを「スペイン王国の防波堤」、メッシーナを「境界の港」、シラクーサを「スペイン王国の要」と宣言した。海に囲まれ、敵がどこからでも侵入できる「開かれた」シチリアを閉じて、難攻不落にしなければならなかった。

メッシーナ、シラクーサなどでは要塞が補強され、パレルモには新たに城壁が築かれた。オスマン帝国軍の襲来を監視し、それを狼煙《のろし》でいち早く知らせるための監視塔が沿岸に建てられた。敵の船団を発見するやいなや狼煙で知らせた。その知らせは一時間で狼煙の発信地に戻ったという。見張り塔の数は、一五九三年に約一二〇にのぼった。現在も、それらの一部がシチリアの沿岸に放置され、廃墟として残っている。

シチリア議会は要塞建築などのために特別の貢納金を決定した。一八〜五〇歳の男子は兵士に徴募された。造船所が整備され、軍人を養成するための学校も創設された。オスマン帝国軍との戦闘のために、スペイン人、ジェーノヴァ人、ヴェネツィア人がシチリアに立ちより、そのなかには住み着いたものもいた。

フェリペ二世とシチリア

カルロス一世の描いた未来図は、西ヨーロッパの統一とカトリック的世界帝国の構築であったといわれる。しかし、カルロス一世は打ち続く戦いの日々に疲れたのか、一五五六年に目的を果たさないまま退位し、修道院に隠棲することになる。

後継者フェリペ二世は広大な領土とともに、オスマン帝国との戦いという重い遺産も相続した。フェリペ二世は、フランスもスペインも長期化した戦争で困窮したこともあり、カトー・カンブレジ講和条約によって「イタリア戦争」を終結した。このことについて、ウォーラーステインは、『近代世界システムII』(川北稔訳、岩波現代選書、一九八一年)で、次のように指摘している。

ハプスブルク家とヴァロワ家は共倒れになった。一五五七年、スペインばかりかフランスもまた自ら破産を宣告する。（中略）両国が破産したために戦火はたちまち消え、一五五九年にカトー・カンブレジ条約が締結された。この条約は、以後一〇〇年間に及ぶヨーロッパの政治の枠組をつくりあげた。（中略）それはまた、ヨーロッパのバランス・オブ・パワーが確立し、いわゆる国民国家をめざす諸国がその願望を満たし、なお繁栄を続ける「世界経済」をむさぼって利益を得ることができるようになった年でもあった。

フェリペ二世はシチリアを訪れることはなかった。かれの治世のシチリアでは、パレルモで異端審問所に対する抗議が起こっている。これに対して、外国人がラテン語を教えることや、異端と思われる本の販売が禁止されるなどの政策がとられた。カトリック信者は異端の火刑を直接にみることで免罪されるといわれ、多くの見物者が処刑の場に集まった。異端審問所が廃止されるにはまだ時間が必要であった。

マルタ島包囲戦

外からの危機が迫っていた。怒濤のように進撃するオスマン帝国軍はシチリアの目と鼻の先にあるマルタ島に上陸した。マルタ島は、「ウィーン包囲」後に、カルロス一世がオスマン帝国からロドス島を奪取したヨハネ騎士団に褒美として与えていた。その地を守るヨハネ騎士団とオスマン帝国軍との壮絶な戦いが繰り広げられ、オスマン帝国軍は敗北し、シチリアは侵略を運よく免れた。

スペイン同盟軍は、一五七一年の一〇月に、ギリシアのコリント湾内にあるレパントでオスマン帝国軍を打ち負かし、キリスト教世界は「洞窟から出てきた大蛇」といわれたオスマン帝国の脅威から解放された。

オスマン帝国の地中海制海権は一時的に後退したが、スペインもオスマン帝国も決定的な勝利を手にすることはできなかった。一五七四年にチュニスがオスマン帝国に奪い返されて以降、地中海を巡るスペインとオスマン帝国の戦いは終焉を迎え、北アフリカはオスマン帝国に、地中海の諸島はスペインにという勢力区分となった。シチリアは、外国人の駐屯地も減り、軍事衝突の舞台から政治的取引の地となる。

シチリアに住み着いたアルバニア人

シチリアには新たなよそ者がたどり着いた。オスマン帝国支配を逃れて、バルカン半島からアドリア海を渡って南イタリアやシチリアにたどり着いたアルバニア人である。かれらは異端審問でシチリアから追放されたユダヤ人の穴を埋めた。それは、ノルマン時代にシチリアに植民した「ロンバルディーア人」に勝るとも劣らない、シチリアの人口構成にかかわる重要な事件である。

アルバニア人は、オスマン帝国との戦いで戦士として雇用され、その見返りとしてシチリアにコロニーを建設する許可を得て、特権も与えられた。かれらは、未耕作となっていた土地を耕し、廃墟となっていた村落を再生させることになる。

アルバニア人のコロニーとして有名なのが、パレルモに近いピアーナ・デッリ・アルバネージである。そこでは、現在でもイタリア語とともにアルバニア語が日常的に使用され、ギリシア正教の教会が存在している。アルバニア人を祖先とするイタリアの政治家に、一九世紀末にイタリア王国の首相もつとめたフランチェスコ・クリスピがいる。

冷戦終結後、アルバニアからの難民が鈴なりに乗った船が、アドリア海を渡り、イタリアに到着した映像を今も鮮明に記憶している。

山賊・海賊、そして飢餓・地震

一六世紀の地中海支配は流動化し、不安定なものとなり、シチリア沿岸部では海賊の襲撃が日常的になり、奥地では山賊が跋扈していた。イスラーム教徒の海賊が、一五七〇年から一六〇六年に、パレルモ近郊の一三八の村を襲撃し、荒らしまわった。フランスが一八三〇年にアルジェリアを支配するまで、シチリアを取り巻く地中海は海賊の支配する海であった。

一七世紀のシチリアは、地震や火山の爆発、さらには凶作・飢餓と、災難が続いた。一六四六年のメッシーナで、民衆がパンを求めて騒乱を起こすと、小麦を倹約した軽いパン、パニョッタが販売されるようになる。それが民衆の不満に火をつけて、シチリアの諸都市でパンの反乱が広がり、金持ちの家が襲撃され、刑務所の囚人が解放された。凶作だったことにくわえて、重税に不満を持つ職人・漁師を中心とする反スペインの反乱がパレルモでも起こっている。

同時期にナーポリで起こったマサニエッロの反乱に加わった、金箔師のジュゼッペ・ダレージはパレルモに戻り、反スペインの反乱に参加している。かれは、シチリアから副王を追放し、ジェーノヴァやヴェネツィアのような都市共和国の樹立を目指したといわれる。

一六七四年には、メッシーナで再び騒乱が起こった。副王はメッシーナに一年のうち一定期間住まう義務があり、自由港で交易が盛んな特別な都市であった。古くからスペインに忠誠を尽くしてきたメッシーナでも、圧政への不満が爆発し、社会騒乱が生じ、それに貴族の派閥争いが加わった。この暴動にスペインと交戦状態にあったフランスのルイ一四世が、シチリアの征服をめざして介入した。カルロス二世は反乱を鎮圧し、フランスを排除した後、メッシーナに厳しい措置を取った。自由港を始めとして古くからの特権は剝奪され、一六世紀中葉に開設された大学も閉鎖された。教会の鐘はメッシーナ防衛の大砲につくり変えられたが、それは民衆にとって反スペインの象徴となった。

首都の座をめぐるパレルモとメッシーナの、古くからの経済的・政治的な対立構造が再浮上した。パレルモは穀物の、メッシーナは生糸の輸出港と、経済的な背景も異なっていた。パレルモとメッシーナは、スペインの巧妙な分断政策によって、シチリアでの優位を争う競合関係にあった。

一六六九年にはエトナ山が噴火した。同時代人が語ったといわれる、「地球が大きく割れて、中身が飛び出した」ような噴火によって、一一の村が壊滅した。一六九三年には同じシチリア東部で大地震が起こり、カターニア、メッシーナ、シラクーサなどが甚大な被害をうけた。

シチリアは恐怖の坩堝《るつぼ》と化し、法ではなく復讐に訴えることが一般化した。混乱の極致にあった一六世紀シチリアの、今も語り継がれているエピソードを紹介しておこう。副王が厳しく税を取り立て、スペインの金庫を豊かにしていたシチリアで、金貸しや金持ちから金品を奪い、それを貧者に施していた義賊のランチャが捕まり、副王支配に歯向かったものに対する見せしめとして、広場で股裂きにされた。

もう一つのエピソードは家族の血と名誉にかかわるものである。妻の操、娘の純潔が汚された時、夫・父が復讐をすることは暗黙の義務であった。それを履行しないものは軽蔑の、復讐を果たしたものは敬意の対象となった。これが閉鎖的なシチリア社会の掟となっていた。

一六世紀中葉にカリーニ男爵事件がおこった。カリーニ男爵は不倫を犯した自分の娘を家族の名誉を汚したとして殺した。話に尾ひれがついて、父親の剣で切られ、血の付いた娘の手の跡が月の光で壁に浮かび上がると、語り継がれることになる。

ヨーロッパの歴史の舞台から消える

シチリアはスペイン人に狩猟場、黄金郷（エルドラド）とみなされたが、シチリア人にとっては責め苦の土地であった。一五八五年の時点で、一五三の貴族直属都市が存在しているが、国王所属の都市は四三にすぎなかった。一六四二年には前者は二四二に増え、後者は一つ増えただけで、四四である。

このことは、王権の衰退と貴族の勢力拡大を示している。貴族階層は、地に落ちた副王支配に対抗し、私兵を組織し、山賊から財産を守ることになる。ノルマン以来の貴族からなる支配階層は、王と家臣の関係ではなく、王に忠誠を尽くすが、シチリア王国の伝統を保持し、尊重するように要求できる権利をもつ、王の相談役という立場であった。

シチリアの貴族階層は、歴史学的にも社会学的にも、他のいかなるものとも類似しない、といわれる。スペイン支配下のシチリアで、貴族になることは容易であった。貴族であるということは、生産に従事することなく、馬に乗って狩猟ですごし、安逸に生きることと同義であった。貴族の多くは、一五世紀ごろから城を放棄して、都市に住むようになる。かれらは領地を管理人に任せ、避暑に戻るだけであった。

筆者は、パレルモ近郊の、廃墟となった、貴族の屋敷跡と思われるところに足を踏み入れたことがある。建物は朽ち果てていたが、床にはマヨリカの手書きのタイルが残っていた。想像するに、スペイン支配時代に生産されたものであろう。その一枚が我が家のストーブの防火壁の一部に収まっている。

フェリペ二世は一五八〇年ごろに地中海から部分的に撤退し、イギリスに向かったが、スペインの無敵艦隊は海戦でイギリスに敗れた（一五八八年）。オランダの独立によって、「太陽の沈まぬ国」といわれたスペインに日が陰り始めていた。

フェリペ二世の統治のあと、後を継いだフェリペ三世もまた、副王にシチリア支配を委ねた。三年余りの任期の副王たちは、通りや建物に自らの名前だけを残して立ち去った。副王の支配したシチリアは、スペイン王室と結合した虚飾で身をまとい、貧しさを隠した。

3　王位継承戦争に翻弄される

エジプト豆の関税で対立した教会と国家

一八世紀に入るや否や、スペインと一体化していたシチリアは、ヨーロッパの政治に翻弄され、三十数年間に四回も支配者が代わることになる。

スペイン王のカルロス二世が一七〇〇年に亡くなると、フランスのルイ一四世の孫にあたるフィリップが、フェリペ五世としてスペインの王位についた。スペインはハプスブルク家からブルボン家の支配に代わった。それによって、フランスとスペインを隔てていたピレネー山脈は「もはや存在しない」といわれたように、両国の争いは収まったかに思えた。

シチリア貴族の多くは、スペインとの継続性を保持し、自分たちの古くからの特権を尊重すると思われたフェリペ五世を支持した。その短い治世に、シチリアの歴史を知るうえで、重要な事件が起こっている。

それはティレニア海に浮かぶリーパリ島で起こった（一七一一年一月）。リーパリ島の司教は、シチリアで唯一、シチリア王ではなく、教皇が、叙任していた。事件の発端は取るに足りないエジプト豆の税金にかかわるものであったが、教会と国家の対立に発展した。

リーパリの税関員は、商店に並べてあったリーパリ特産のエジプト豆八〇〇グラムを陳列納付税のかわりに押収した。ローマ教皇庁から派遣されていたテデスキ司教は、税関員が要求する税を拒否し、押収されたエジプト豆の返還を求めた。

シチリア側は問題を拡大しないために、エジプト豆を商店に返却した。しかし、テデスキ司教はそれで矛を納めず、税関員の謝罪を求めた。これに対して、シチリア側は税関員の権威が損なわれるとして、謝罪を拒否した。激怒したテデスキ司教は税関員に破門を宣告した。

この事件の背景には、前述した教皇代行権の問題があった。シチリア側は破門問題をシチリアの裁判所で解決しようとした。教皇庁は税関員の破門を記した文書をシチリア全土の教会に張るように指示した。これに対して、シチリアはそれを王国の権威に対する侵害であると宣言した。教皇クレメンス一一世はシチリアに聖務停止令を出したが、教皇ベネディクトゥス一三世がそれを撤回したことで、問題は決着した。

サヴォイア家のシチリア支配

スペインの王位をめぐって、一七〇一年にヨーロッパ列強の間で戦争が起こった。スペイン継承戦争である。それは、スペインの王位に就いたばかりのフェリペ五世を擁立するフランスに対して、オーストリア、イギリス、オランダがのちに神聖ローマ皇帝カール六世となるカルロス三世をたてて戦った戦争である。

イギリス外交の傑作といわれる、その講和条約であるユトレヒト条約（一七一三年）によって、スペインの広大な領土のうち、ネーデルランド、ミラーノ、ナーポリなどはカルロス三世に与えられ、スペイン王位はフランスとスペインを合邦しないという条件で、フェリペ五世に認められた。ここにスペインのブルボン朝が始まる。

ユトレヒト条約によって、シチリアは北イタリアの小国、サヴォイア公国に属することになる。サヴォイア家のシチリア支配は七年間（一七一三～二〇年）と、シチリアを支配した「よそ者」のなかで最も短かった。この決定はブルボン家やハプスブルク家の地中海支配を望まないイギリスの意向が反映したものであった。ちなみに、イベリア半島の南東端に位置し、地中海の出入り口を抑える要衝で、「地中海の鍵」と呼ばれるジブラルタルがイギリス領となったのはこの時のことである。

シチリア人はサヴォイア家支配を予想だにしていなかった。それから一五〇年後にサヴォイア家がシチリアを併合することになることを予測したものは、もちろん、誰もいなかった。サヴォイア家のヴィットーリオ・アメデーオ二世は、イギリス艦隊に護衛されてシチリアに到着し、一七一三年のクリスマスにパレルモで、シチリア王として戴冠した。

シチリアに王が足を踏み入れることは久しくなく、チュニジア遠征の帰りにカルロス一世が立ち寄った一五三五年以来のことである。二〇〇年近く自らの王を見たことがなかったシチリア人は、自分たちの王がシチリアに居住することを期待し、喜んだ。もちろん、ヨーロッパのなかで名もないサヴォイア家の支配に不満を抱くものがいたのも確かである。

ヴィットーリオ・アメデーオ二世はシチリア各地をまわり、新しい支配者として自らの存在を示すことに努めている。新しい国王の、金やレースの飾りもない無色のウールの服にブーツを履いた、質実剛健なスタイルに、長いスペイン時代に虚飾に慣れていたシチリア人は戸惑った。ヴィットーリオ・アメデーオ二世もまた、副王に政務を任せ、一年足らずでシチリアを去った。

サヴォイア家のシチリア支配に対して、一七一八年には、貴族、聖職者を巻き込んだ、いわゆる「スペイン党」による反乱が起こり、スペインがシチリアを占領すると、オーストリア、イギリス、フランス、オランダの四国同盟との戦争が始まった（一七一八～二〇年）。

その戦争を終結したハーグ条約によって、ヴィットーリオ・アメデーオ二世はシチリアをハプスブルク家のカール六世に譲り、その交換としてサルデーニャ島を得た。ヴィットーリオ・アメデーオ二世は、「（黒キャビアを腹にもつ）チョウザメ（シチリア）を貧窮のサルデーニャ島と取り換えねばならないことを嘆いた」といわれる。それを契機に、サヴォイア家は、シチリア王の称号を得ていたことで、中心的な領地をピエモンテ（現在のイタリア北西部）としながらも、サルデーニャ王国と名乗ることになったことを付言しておこう。

ハプスブルク家のシチリア支配

シチリア人のなかには、有名でないサヴォイア家ではなく、ヨーロッパの超大国であるハプスブルク家の支配を喜んだものがいた。しかし、ハプスブルク家のシチリア支配も長くはなく、一五年（一七二〇〜三五年）で終わった。その間に、公用語はスペイン語からシチリア人に馴染みのないドイツ語に替わり、政治・文化も慣れ親しんできたスペインとは異なるものとなった。

ハプスブルク家のカール六世もシチリアの統治を副王にまかせた。副王ピニャテッリは、機能不全に陥っていた行政の再組織化のために、能力ある官僚たちを登用した。そのなかにはハプスブルク家から爵位が与えられたシチリア人もいたが、ウィーンとの関係が強まると、これに反発してスペインに逃避したものもいた。

ハプスブルク家時代には、絹・石鹸・ガラス・紙・砂糖の生産などの経済振興策が行われた。跋扈していた山賊や沿岸地域を荒らしまわっていた海賊の活動も沈静化し、交易も活発化し、メッシーナの近くで金・銀・銅などの地下資源の採掘が開始された。

この時代に、支配階層の役割と政治意識も変わり、それまでスペインと一体化していた貴族階層のなかから、シチリア政治を担うものが出ている。その代表的な人物が、ジローラモ・セッティモ、ジャーコモ・ロンゴなどである。かれらは、パレルモに「ブオン・グスト」（雅趣という意味）アカデミーや神学校を設立している。オーストリア、フランス、イギリスの思想や文化も導入された。貴族階層による芸術・文化の振興に関連して、ハプスブルク家時代を「シチリアの栄光の時代」と呼ぶものさえいる。

この時代に、下層民からなる秘密結社ベアーティ・パーオリは終焉を迎えている。一七世紀末からパレルモを中心に活動したベアーティ・パーオリは、社会秩序の混乱に乗じて、横暴な権力者に立ち向かう組織であった。ちなみに、シチリアの著名な民俗学者ジュゼッペ・ピトレーはマフィアの原型をベアーティ・パーオリに見ている。

スペイン・ブルボン家の支配

スペイン継承戦争の講和から二〇年後の一七三三年、ポーランド王アウグスト二世の後継者をめぐって、またしてもヨーロッパを二分する戦いが始まった。いわゆる、ポーランド王位継承戦争である（～一七三五）。一方はオーストリア、プロイセン、ロシア、他方はフランス、バイエルン、サルデーニャ王国である。スペインはナーポリとシチリアの再獲得をめざし、フランスを支援して、ナーポリに侵攻し、シチリアを占領した。

結局、ナーポリ王となり、シチリアも支配したのは、スペイン王フェリペ五世とファルネーゼ家のエリザベッタの間に生まれたパルマ公ドン・カルロである。ここに、スペイン・ブルボン家は、イタリア統一までの一二五年間（一七三五～一八六〇年）にわたって、シチリアと南イタリアを支配することになる。

しかし、ノルマン・ホーエンシュタウフェン時代のシチリア王国とは大きく異なっていた。ノルマン時代のシチリア王国は南イタリアとシチリアからなる政治的統一体であった。しかし、スペイン・ブルボン時代のナーポリ王国は、統一的な単一の王国ではなく、ナーポリとシチリアがそれぞれに行政・司法・財政組織、議会を持つ二元的な同君連合の国家であった。

イタリア半島で最大の領域を支配するナーポリ王国で、国王は首都ナーポリに住み、中央政府が置かれた。シチリアは国王が任命した副王の管轄区域であった。この措置は南イタリアとシチリアが歴史的・社会的・文化的に異なることを配慮してのことであった。

ナーポリ王国は、スペインの「周縁」ではなく、スペインから独立したイタリアの新しい王国であった。そのことは、公用語がスペイン語からイタリア語になったことでもわかる。

カルロ時代のシチリア

新王カルロは、三四〇隻の船隊と一万四〇〇〇人の兵士、二〇〇〇頭の馬とともにパレルモに到着し、パレルモの大聖堂でシチリア王として戴冠した。しかし、カルロもまた、一週間後にはシチリアを去り、ナーポリに戻った。その後、シチリア人にとってカルロは銅像で表象された国王であった。

一八世紀のナーポリは啓蒙思想の実験場と呼ばれ、さまざまな改革が行われている。ナーポリではサン・カルロ劇場、カセルタやカポディモンテには王宮が建設され、ポンペイの発掘が開始されている。パレルモでも、啓蒙主義の影響を受けて、アルベルゴ・デイ・ポーヴェリ、いわゆる救貧院や捨て子収容院が設けられ、初等教育が振興された。

副王カラッチョロの啓蒙的改革

カルロがスペイン王に転封すると、息子のフェルディナンドが王となり、六六年にわたって統治した。かれは、シチリアの「集積した特殊性」を解決するために、たとえば、教皇に忠誠を誓う「精鋭部隊」とよばれるイエズス会士をシチリアから追放している。

シチリアの本格的な改革は、副王カラッチョロの時代に始まる。かれは、外交官としてトリーノ、ロンドン、パリに三〇年間近く滞在した。かれはパリに滞在した時期に、百科全書派のダランベール、ディドロのような数多くの文化人と親交を結んでいる。

シチリアを「キリスト教世界の最果て」と呼び、気が進まない赴任を前に、離任の挨拶に赴いたカラッチョロに、フランス国王ルイ一六世は、「ヨーロッパで最も美しいところにいくのだから」と慰めたという。

カラッチョロは、副王時代（一七八一～八六年）の約五年間に、パリで吸収した啓蒙思想にもとづいて、シチリアの停滞を一掃するさまざまな改革を行った。かれは、王権の権威を取り戻し、啓蒙主義的改革を進めるために、それを阻む二つの牙城――聖職者と貴族階層に真正面から戦いを挑んだ。

聖職者に対して行ったのは、異端審問所の廃止である。異端審問所の牢獄が開放された時、そこにいたのは魔女の疑いで拘束されていた三人の老婆だけであった。その一人は解放されても飢え死にするだけだと、牢獄に留まろうとした。

異端審問所はすでに機能しておらず、異端審問官の特権維持の組織であった。カラッチョロは、ユダヤ人たちから没収した莫大な財産を所有していた異端審問所の廃止を皮切りに、聖職者が葬式で受け取る特別手当の廃止といった改革まで行った。

改革に抵抗する貴族

カラッチョロが目指した改革の本丸は、シチリア社会の停滞の要因の一つである伝統的な貴族階層であった。「シチリアはバローネ（領主）がすべてで、バローネ以外は存在しない」とさえいわれていた。バロナッジョと呼ばれる貴族階層は、社会・政治・経済を支配していた。

一八世紀末のシチリアには、一四二のプリンチペと呼ばれる王族、七八八の侯爵、約一五〇〇の公爵と男爵が存在したという。一八世紀にシチリアで爵位を有するものは二四〇〇を数え、シチリアの五分の四近い貴族直属都市を支配していたという研究もある。

領主は所領内で司法権を保持し、犯罪に対する裁判権をもち、刑務所をも備えていた。一九世紀初頭にあっても、パラゴーニア公は領主として住民から婚姻税を徴収していた。カラッチョロは、貴族による封建的特権を使った背任行為、あるいは共有地の横領行為に対して一連の法的な措置をとった。都市の行政官を選挙によって選ぶ、都市行政の改革も行った。

住民の圧倒的多数を占める農民は、シチリアの三分の二以上の農地・森林を所有する貴族階層に従属していた。カラッチョロは、農奴に近い、極貧の生活を強いられていた農民の再生には、農村の土地改革が不可欠であると考えた。

カラッチョロは、ミラーノで行われていた不動産税のシチリアへの導入を考えて、土地台帳を作成し、それにもとづく課税を行おうとした。しかし、貴族階層は課税を議会の管轄事項であるとして、改革に激しく反対した。貴族階層には、自分たちがシチリアの合法的権力を掌握し、シチリア民族を具現しているという意識があった。カラッチョロの改革に脅威を感じた、シチリアを「牛耳るモンスター」である貴族階層は、国王を説得して改革を中止させた。

カラッチョロは、公衆衛生の観点から、町の通りを石畳にする費用を捻出するために貴族の高価な馬車に税金をかけた。それを拒否した貴族の馬車は押収、売却された。カターニアにヨーロッパで最初の非正規婚による子どもの収容施設サント・バンビーノを創設し、天文観測所、植物園なども開設した。

民衆も激しく抵抗

カラッチョロは、毎年七月に膨大な費用をかけて盛大に行われるパレルモの守護聖人サンタ・ロザリーアの祭りにも手を付けた。財政改革の一環として、祭りの日数を五日から三日に縮小し、その節約分を教育や慈善事業に回そうとした。サンタ・ロザリーアの祭りはパレルモ市民の最大の楽しみで、住民にとって不可欠な憂さ晴らしであった。それだけに反発は大きく、「お祭りか死か」という民衆の激しい反対で、その提案は撤回せざるを得なくなった。カラッチョロは、中世以来の職人のギルド組織で、武器の携帯も認められていたマエストランツァに対して、その肥大化・政治化を恐れて縮小しようとしたが、これまた激しい抵抗を受けて、成功しなかった。シチリアでは、貴族階層においても庶民においても、伝統的な権利に強く執着して、改革に抵抗した。

カラッチョロは、「宮廷の嵐」を収拾するために、約五年のシチリア滞在で、ナーポリに戻った。その「嵐」とは、ハプスブルク家出身の王妃マリーア・カロリーナがオーストリア派と手を組んだ陰謀で、ナーポリとマドリードが対立したことである。この王妃はその後も混乱を引き起こすことになる。

カラッチョロはナーポリ政府の首相となってからも、シチリアの改革を模索し続けた。かれの望みは、いくつかの王国所領を分割し、農民に分与することであった。もし、かれの改革が実施されていたら、シチリアの歴史は異なる展開を示したことであろう。

カラッチョロの後任フランチェスコ・ダクイーノ・ディ・カラマーニコも、啓蒙主義者で、経験豊富な外交官であった。かれは前任者のやり残した、貴族の、とくに土地の相続に関わる権利の制限など、封建的制度の改革を実行した。

カラッチョロとディ・カラマーニコの二人の副王は、シチリアの市民的進歩を印した、と歴史家べネデット・クローチェは指摘している。シチリア出身の著名な歴史家ロザリオ・ロメーオは、カラッチョロからディ・カラマーニコの時代のシチリアについて、「啓蒙絶対主義と相いれない自由主義的議会制度を作ろうとしていた」と述べている。

4　グランドツアーとシチリアの「再発見」

ゲーテのシチリア旅行

ディ・カラマーニコが副王時代の一七八七年四月、フランス革命の二年前の復活祭の時期、「あたかも蒔き散らしたようにたくさんの都市がある」シチリアをゲーテが訪れた。かれは約一月かけて、馬車でシチリア各地を回っているが、パレルモで見た復活祭の模様を次のように記している。

　夜の明けるとともに、こんどは主の芽出たい復活を祝う楽しい騒ぎが始まった。花火、釣瓶打、爆竹、狼火《のろし》、そういったものがおびただしく寺院の門前で打ち揚げられ、一方信者たちは開かれている翼門のところで犇《ひしめ》き合っていた。鐘やオルガンの響き、行列の合唱とそれを迎える僧侶の合唱は、こうした騒がしい祭礼に馴れない人の耳を、まったく混乱させるほどであった。
（『イタリア紀行』中、相良守峯訳、岩波文庫、一九七一年）

ゲーテは、復活祭に際して一人の罪人が赦《ゆる》されるところを見ている。それは祝福をもたらす復活祭

バゲーリアのパラゴーニア別荘と妖怪の彫刻

週間を祝う、いつも行われる儀式とのことである。白装束の罪人が絞首台の下に連れて行かれると、罪人は梯子の前で祈りを捧げて梯子に接吻し、再び連れ去られる。

「いくら褒めても足りないほど」の素晴らしい気候と、「油もぶどう酒もすべて極上である」シチリアで、ゲーテが最も気に入った食べ物は新鮮な魚であったようである。しかし、「麦藁《むぎわら》や蘆《あし》や台所の残り物やいろいろの不潔物が層をなし」、それが乾燥すると塵となって巻き上がるパレルモの道路を批判している。カラッチョロは道を石畳にしようとしたが、ゲーテが訪れた時には完成していなかったようである。

ゲーテにはパレルモの建築物はお気に召さなかったようである。「建築様式は大体ナポリのそれと似ている」「ローマに見るような、制度を支配する芸術精神というものが、ここには見られない」と率直に記している。

ゲーテは、パレルモ近郊の、美術館や屋外劇場を備え、贅を尽くした貴族たちの別荘地であるバゲーリアを訪れている。そこで見たバロック様式のパラゴーニア別荘を、「化物の別荘」「無意義なものを有意義なものに見せかけるために、強いて何物かを捏《こ》ね上げるに過ぎない」と酷評し、時間を費やしてしまったとさえ述べている。
ナーポリのフリーメーソンの長、グラン・マエストロであった副王ディ・カラマーニコは、パレルモのホテルに逗留していたゲーテを探し当て、夕食に招いている。ちなみに、ゲーテはフリーメーソンの支持者であったといわれるから、その筋から連絡があったのかもしれない。副王の宮殿ではマルタ島出身の一人の侍従が応対した。その男はかつて働いていたワイマール時代のことを語り始め、次のようにゲーテと話している。

「私のいた時分、ワイマルで雨を降らせたり、天気を好くしたりしていた若い元気な男があったが、あの人はどうなりましたかね。名前は忘れてしまったんですが、それは例の『ウェルター』を書いた人なんです。」私は暫く考える風をしてから答えた。「あなたのお尋ねに預かる男は、この私ですよ！」

『ウェルター』とは、『若きウェルテルの悩み』である。ゲーテは副王と話した内容については触れていない。かれの印象に残ったのは、副王との会食、会話よりは、ワイマールに滞在したという侍従であったことは間違いない。
ゲーテは、シチリアについて「われわれの興味を引きつける物象は無数にある」と述べている。そして、しばしば引用される、謎めいた、意味深長な言葉——シチリアなしのイタリアというものは、われわれの心中に何らの表象をも作らない。シチリアにこそすべてに対する鍵があるのだ——を残している。

それは、ドイツ人美術史家ヴィンケルマンのギリシア美術研究に影響を受けたゲーテにとって、ヨーロッパ文明の古層であるギリシア文化が残るシチリアを見ずして、ヨーロッパは理解できないというものであったのかもしれない。かれのシチリア訪問の関心はホメロスの時代を偲ばせる「超古典的な土地」で、ギリシア神話の世界にあったことは間違いない。ゲーテは、タオルミーナのオレンジ畑で腰をおろし、『オデュッセイア』を思い出している。ゲーテがシチリアを旅した時期も風土病的に山賊が幅を利かしていたが、幸運なことに、ゲーテは山賊に身ぐるみをはがされることはなく、無事にワイマールに帰国した。かれは、戯曲『ナウシカア』でシチリア旅行の成果を結実させようとしたが、未完に終わっている。

シチリアの「再発見」

大航海時代に入り、歴史の舞台が地中海から大西洋に移動するにしたがって、ヨーロッパの周縁となり、忘れ去られた存在となっていったシチリアが、一八世紀終盤になり、ヨーロッパ人に「再発見」された。イギリスの良家の子息は、自らの文化的出自であるギリシア・ローマ文化を確認する教養教育の総仕上げとして、ドーヴァー海峡を渡り、アルプスを越え、一年、長い時は二年かけて、イタリア、ギリシアを旅した。いわゆるグランドツアーである。

かれらの多くが訪れたのはナーポリ、ポンペイまでで、山賊が横行する恐ろしい土地という風評もあって、シチリアまで足を延ばすものは限られていた。シチリアを訪れたヨーロッパ人に共通したのは、ギリシア時代に栄華を極めた神話の島と、風光明媚なエキゾチックな世界への関心であった。

シチリアの「再発見」に決定的な影響を与えたのは、ゲーテの『イタリア紀行』であることは言を

ロバに乗り、牛に荷車を引かせて、アグリジェントのコンコルディア神殿を通る外国人旅行者と、神殿の谷を描いた18世紀末のリトグラフ

またない。もちろん、ゲーテよりも前にシチリアを訪れたものもいた。ドイツ人考古学者ヨゼフ・ヘルマンは一七六七年にシチリアを訪れ、その四年後に『シチリアとマグナ・グラエキアの旅』を出版している。それはただちにフランス語・英語に翻訳された。

かれはカターニアの大聖堂、考古学美術館、ブドウ酒、果物を称賛し、シラクーサの大劇場を「シチリアで目にした絵のような光景の一つ」と語る一方で、「この民族は、東方の国民のように、素晴らしい繊細さ、鋭い洞察力、大きな才能を持っているが、同時に快楽におぼれ、ずる賢い傾向がある」と述べている。パレルモの貴族については、「他のヨーロッパと同様に、フランスのモードの猿まねである」と、辛口の評を残している。

スコットランド人の物理学者パトリック・ブライドンは一七七〇年にシチリアを訪れ、『シチリア・マルタ紀行』を出版した。これも直ちにドイツ語・フランス語に翻訳された。ブライドンは若いパレルモ貴族に英語で話しかけられ、書店にはミルトン、シェークスピアの英語の書籍があることから、シチリアはヨーロッパ文化から取り残された地ではないとして、そこに知的な芽生えを見ている。

一八世紀末から半世紀の間に、シチリア紀行にかかわる書物がヨーロッパで五〇冊近く出版された。それによって、シチリアの古代ギリシア文化の壮麗な遺跡、火を噴くエトナ山、オリエンタリズムの魅力あふれるエキゾチシズムが、ヨーロッパ人の関心を引くことになる。ヨーロッパ人によるシチリアの「再発見」である。しかし、誇り高いシチリア人にいわせれば、その「再発見」の実態は、ヨーロッパの事柄に無知なシチリア人ではなく、シチリアに無知なヨーロッパ人の方であった。

第四章

独立国家の熱望と失望

フランス革命とそれに続くナポレオン時代に、イタリア半島はフランスの直接的・間接的な支配下にあったが、シチリアは対仏同盟の拠点としてイギリスの保護下におかれた。その結果、イタリア半島にはナポレオン法典や中央集権的体制がもたらされたのに対して、シチリアではイギリスにならった二院制議会が成立し、イタリア半島とは異なる政治的展開を見た。

ナポレオン失脚後に、シチリアはイタリア本土と合体した王国になる。国名として珍しい、両シチリア王国である。その時代に、シチリアではナーポリからの分離独立運動がおこるが、イタリア本土で活発化していたオーストリアからの独立とイタリア統一、いわゆるリソルジメント運動に巻き込まれる。

赤シャツの英雄ガリバルディ率いる義勇兵部隊が一八六〇年にシチリアに上陸し、ブルボン支配を打倒し、シチリアはサヴォイア王家のイタリアに併合される。しかし、その熱気は瞬く間に冷めて、シチリアは反イタリアの反乱を起こすことになる。この時期に登場したマフィアは政治と癒着して、勢力を拡大した。シチリアが「イタリアの植民地」になったという言説が生まれるのもこの時期である。世紀末に、仕事を求めて、大量のシチリア人が、移民としてアメリカなど、外国に向けて船出する。古くからよそ者が押し寄せてきたシチリアは、シチリア人を送り出すことになる。そのなかにはマフィアも含まれていて、「コーザ・ノストラ」と呼ばれるアメリカマフィアの誕生へとつながる。

1　フランス革命とイギリス支配

フランス革命を経験しなかったシチリア

フランス革命時代に、ヨーロッパ諸国はルイ一六世の処刑や対外戦争を拡大するフランスに対抗して、イギリスを中心に第一回対仏大同盟を結成した。ナポレオンが指揮するフランス革命軍はイタリアに侵入し、そこを支配していたオーストリア軍を撃破し、支配下に置いた。それによって、第一回対仏大同盟は崩壊した。

フランスと陸続きのイタリアには、ナポレオンの到来とともにフランスの革命思想が流入し、フランスの傀儡《かいらい》である姉妹共和国がナーポリまでの各地に成立した。イタリアを支配したナポレオンは、イギリスとインドの航路を遮断するために、エジプト遠征をおこなうが、陸上ではイギリス軍に一時的に勝利をおさめたものの、海上では敗北した。地中海の覇権を維持したイギリスは、ロシア・オーストリアとともに第二回対仏大同盟を結成し、シチリアをフランスを封じ込めるための軍事同盟の拠点とすることになる。

シチリアでは、フランスの支配下に置かれたイタリア本土と比べて、フランス革命思想が熱狂的に受け入れられたわけではない。ただ、少数ながら、革命フランスと一体化した、いわゆるジャコバン主義者とよばれる、共和主義を信奉するものがいた。ルソーやミラボーの影響を受けたフランチェスコ・パオロ・ディ・ブラージがその一人である。

ディ・ブラージは、フランスの革命思想に共鳴し、シチリアの自治共和国の樹立を企て、一七九五年に打ち首となる。この事件をきっかけに、シチリアのジャコバン主義者は厳しく弾圧されることになる。

シチリアに逃避した国王

フランス革命・ナポレオン時代に、ナーポリ王国の国王フェルディナンド王はナーポリからシチリアに二度逃避している。最初は一七九八年である。フランス軍の侵攻を恐れて、フェルディナンド王は王妃マリーア・カロリーナとともに、イギリス海軍提督ホレーショ・ネルソンに護衛されて、膨大な金銀財宝とともにシチリアに逃避した。フェルディナンド王は、ネルソン提督に感謝して、エトナ山麓のブロンテに広大な領地と公爵の称号を贈った。

フランス革命軍はナーポリに侵入し、フランスの姉妹共和国であるパルテノペーア共和国を樹立した。ナーポリで革命派と反革命派の血なまぐさい戦いが続いていた時、フェルディナンド王は、パレルモ郊外の中国風別荘で狩猟に明け暮れる優雅な生活を送っていた。かれは、パルテノペーア共和国が崩壊し、フランス革命軍が撤退すると、ナーポリに戻った。

二度目の逃避（一八〇六年）は、ナポレオンがイギリスの地中海覇権に挑み、ナーポリを占領した時である。シチリア人は戻ってきたフェルディナンド王がシチリアを本拠とすることを期待したが、かれはナーポリの再征服の夢を捨てなかった。

イギリス流の流行と一八一二年憲法

イタリア半島のみならず、ヨーロッパ各地でフランスをモデルとする改革が進んでいた時、シチリア貴族のサロンでは英語訛りのシチリア語を話すのが流行り、イギリスの思想や文化が知識人の間で普及した。

イギリスはシチリアを対仏包囲網の戦略基地として、インドから帰国したばかりの若いベンティンクをシチリアに派遣した。地中海のイギリス軍総司令官で、自由主義的なホイッグ党の支持者であったベンティンクは、フェルディナンド王の背後で陰謀をたくらむ王妃マリーア・カロリーナに厳しく対応した。

シチリア貴族は、弱体化した王権を前にして、イギリスの支援を得て自らの権利を強化しようとした。ベンティンクは、シチリアの開明的な知識人や貴族を味方に引き入れ、イギリス流の憲法を発布させた。一八一二年憲法と呼ばれるものである。

正式のタイトルは、「一八一二年シチリア憲法、すなわちシチリアの否定できない公権力を立証する記録、規定、公文書、王令の集積にもとづく、シチリアの非常に古い憲法の一八一二年の議会による根本的改革」である。そのタイトルからして、一八一二年憲法は、ノルマン時代にさかのぼるシチリアの政治制度の伝統と、イギリスの議会主義を結合させ、シチリアを絶対君主制から近代的立憲君主制に変えようとしたものであった。それはまた、イギリス流の近代的な立憲主義とシチリアの公権力の伝統の妥協であったが、自らの権利を保持しようとする貴族階層による、シチリアで最初の自治主義の表明でもあった。

一八一二年憲法は一五条からなっている。同じ時期にイタリア半島で発布された、フランスの直接的影響を受けた憲法と比較して、一八一二年憲法は国王に行政権、議会に立法権を委ねる、より民主的なものであった。

新しい議会は、選挙で選出される一五四人の議員からなる下院と、国王が任命する一八五人からなる上院の、イギリス型の二院制であった。

イギリス領となったかもしれない

ベンティンクは、ナポレオン支配からイタリアのみならず、ヨーロッパを解放し、自由を取り戻すための「旗」に、シチリアがなることを期待していた。そのために、ベンティンク時代に、シチリアとイギリスの関係は強化され、多額のイギリス資本がシチリアに投入された。

実質的なシチリアの支配者であったベンティンクは、イギリスのシチリア併合を志向していたといわれる。ベンティンク自身は、一八一三年末に、ブルボン家がシチリアをイギリスに譲れば、その代わりにブルボン家に軍事・財政支援する「夢」をもっていたという指摘もある。ただ、イギリス政府がこのシチリア併合についてどのように考えていたか明らかではない。

ナポレオンの失脚と、それに続くウィーン体制の成立によって、イギリス軍はシチリアを去った。そして両シチリア王国が成立し、一八一二年憲法は廃止された。

両シチリア王国という国名には中世以来のシチリアをめぐる複雑な歴史的背景があった。ノルマン人が建てたシチリア王国はシチリア島とイタリア半島南部を支配したが、「シチリアの晩禱」後にシチリア島側と半島側の国に分裂した。二つの国はともに自らが正統な「シチリア王」であるとして「シチリア王国」を公称したため、両者を併称する両シチリアという呼称が生まれた。

「両シチリア」という訳語については、箕作麟祥《みつくりりんしょう》纂輯『萬國新史』（一八七一〜七七年。世界史研究所による翻刻版が二〇一八年に刊行）には、イタリア本土とシチリアを隔てる「メッシーナ（中略）海峡

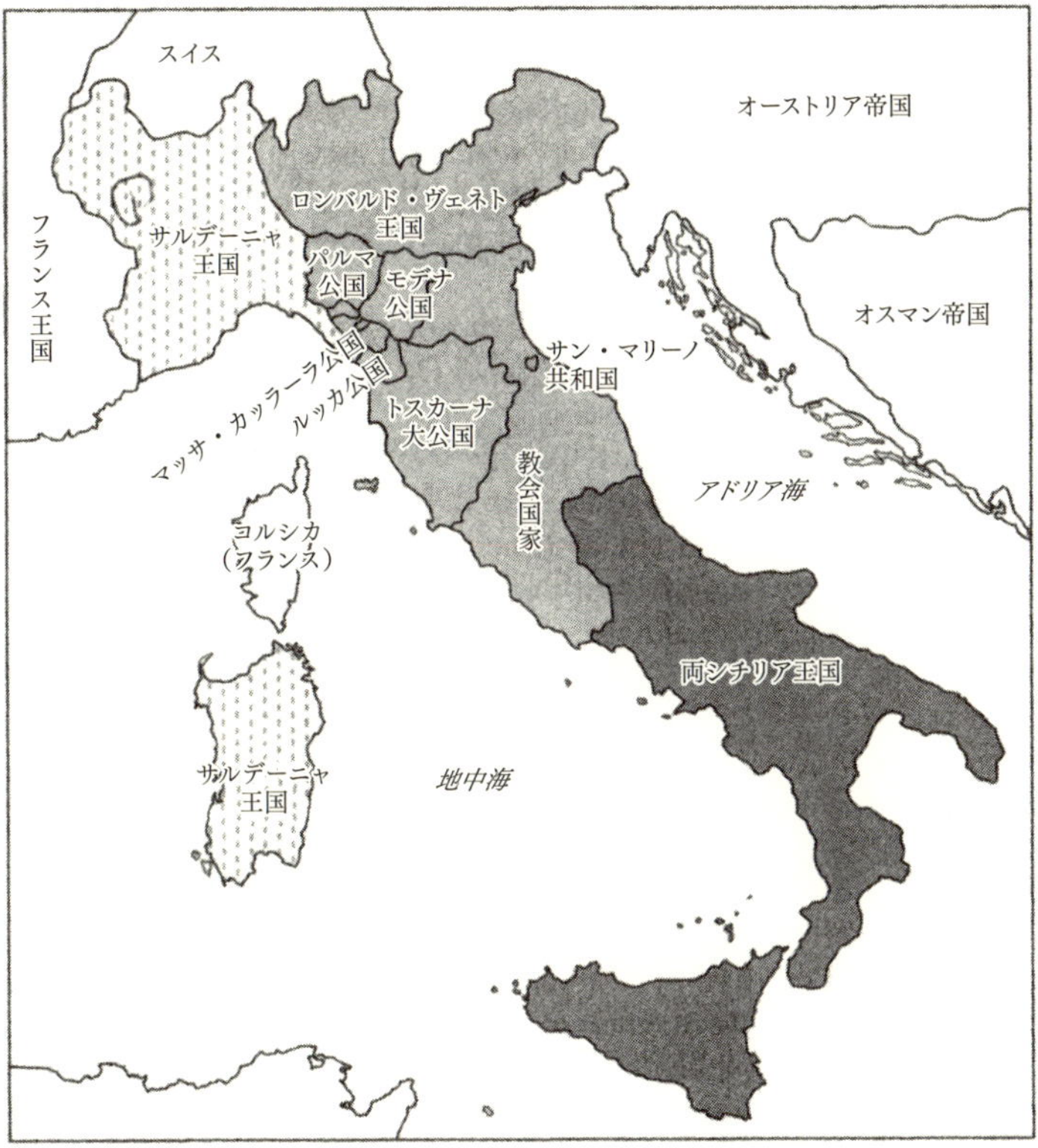

両シチリア王国時代のイタリア半島。1815年

の両側にあるその領地を合してこれを両シチリア（ツウシシリース）王国と号し」とある。「両シチリア王国」という邦訳は箕作麟祥によるものかもしれない。

2 リソルジメントの激動

ナーポリからの独立の要求

ナポレオン失脚後のヨーロッパの国際的体制、すなわちウィーン体制下にあって、イタリア本土ではオーストリアからの独立とイタリア統一の運動、リソルジメント運動が進行することになる。

シチリアと南イタリアを統合した両シチリア王国は、フランス革命からナポレオン時代に導入されたナポレオン法典やフランスの中央集権的な行政制度を踏襲して、ヨーロッパの強国を目指した。シチリアではイスラーム時代からの行政地域――シチリアの西部ヴァル・ディ・マツァーラ、北東部ヴァル・デモーネ、南東部ヴァル・ディ・ノート――を改めて、七つの地域に分割し、各地域に行政長官が置かれ、中央集権的支配の要として総督が統治した。

シチリアの貴族階層は、両シチリア王国を、七〇〇年近く続いたシチリア王国にたいする侮辱とみなした。シチリア貴族のジョアッキーノ・ヴェントゥーラは、「オランダとベルギー、アイルランドとイギリスの融合が不可能であるように、シチリアとナーポリのそれも不可能である」と、両シチリア王国を批判した。両シチリア王国成立は、シチリア人にとって五世紀半前のシャルル・ダンジュー時代に後戻りしたように思われたのである。

役人はナーポリから派遣され、シチリアのナーポリへの従属化が進んだ。シチリアに存在しなかった義務徴兵制が導入されると、とくに農民の不満が一気に高まり、「兵士よりも豚の方がましだ」として、社会騒乱がおこる。ここに、シチリアとナーポリの対立構造が再浮上し、一八二〇年、一八四八年にシチリアの独立を要求する革命が起こる。

一八二〇年の革命

両シチリア王国の成立から四年目の一八二〇年七月、秘密結社カルボネリーアによる立憲革命がナーポリで勃発し、フェルディナンド王は憲法を発布した。そのニュースがパレルモに届くと、サンタ・ロザリーアの祝祭に合わせて、七月一四日に反乱がおこった。

反乱の指導者の多くはカルボネリーアの貴族やブルジョアであった。武器の携帯が認められ、治安維持の活動を行っていた職人のギルド組織マエストランツァも中心的な役割を担った。圧倒的多数のシチリア人は、経済不況や疫病などによる生活にかかわる不満や不安を契機にして、ナーポリに対する憤懣を爆発させた。ナーポリとの分離を要求する貴族に指導される都市民衆の反乱に近隣の農民も加わった。公共施設が襲撃され、軍の武器庫から武器が奪われ、武装した民衆と兵士が市街戦を行った。

パレルモに樹立された臨時政府は、ナーポリからのシチリアの分離と、一八一二年憲法の復活を宣言した。しかし、ナーポリの革命家たちにとって、シチリアの独立の要求は受け入れられない問題であり、シチリアとナーポリの連帯は生まれなかった。

フェルディナンド王はシチリアの革命を鎮静化するために、シチリア人の感情を逆なでしていたナーポリ人の役人に代えて、シチリア人を登用した。社会騒乱の要因ともなった義務徴兵制や煙草税も廃止された。

ウィーン体制に完全に組み込まれていたフェルディナンド王はナーポリで一旦認めた憲法を撤回し、シチリアの憲法と独立の要求を否定し、オーストリアに軍の派遣を要請した。ナーポリにつづいて、パレルモでも革命は鎮圧された。しかし、シチリアのナーポリ政府に対する不満と、シチリアの自治独立の要求はおさまることはなかった。

アマーリの『シチリアの政治問答』

一八三七年にコレラが発生し、人口六万九〇〇〇人のパレルモで二万四〇〇〇人が亡くなった。その時、シチリア人を憎む国王がコレラをもたらしたという流言飛語が飛び交い、国王の銅像が破壊され、王家の紋章が取り外され、トリナクリアの旗が掲げられた。

その年に、前述した『シチリアの晩禱』の著者アマーリは八ページの小冊子『シチリアの政治問答』を地下出版している。アマーリは、一四歳の時に一八二〇年革命に、父親とともに参加している。革命は失敗し、父親は終身刑の判決を受けるが、息子は若年のために釈放され、政府の役人となった。

かれは、シチリアのナーポリからの独立という政治的信念を貫き、カトリックの教理を簡略にまとめた問答集であるカテキズムにならった『シチリアの政治問答』を出版した。

アマーリは、フランス革命の理念をなぞるかのように、冒頭で次のように記している。「人間の神聖な法によって、いかなるものも他者の奴隷となることはありえない」と同様に、「いかなる民族も他の民族に屈服することは法的にありえない」。その上で、「シチリアが一人の人間と同様に、自らの個性をもっていることをいかに示すことができるか？」という問いを立てて、次のようにいう。

神は、シチリアを他の大陸と切り離し、敵から守るために、周りに海を張り巡らし、多くの人々の生活を支えるために、あらゆる産業、あらゆる交易に適した温暖な気候と肥沃な土地にした。強靭な肉体、鋭敏で機敏な能力、大胆で不敵な精神を住民に備えさせた。

続けて、次のようにいう。「ギリシア時代に栄光に満ち、独立していた」シチリアは、ローマに征服されるが、尊ばれ、特権を与えられた。イスラーム教徒にシチリアの独立は蹂躙されたが、ノルマン人、ドイツのホーエンシュタウフェン家の支配下で、自由で強力なシチリア王国を築いた。アンジュー家に抑圧されたシチリア人は、「永遠に語り継がれるシチリアの晩禱《ばんとう》」で自らの権利を取り戻した。アラゴンによる支配後、シチリアはスペインの君主たちに相続され、悪弊が生じ、衰退したが、王国の威信も特権も失わず、シチリアの旗をつねに保持した。

このように、よそ者に支配されたシチリアの歴史を踏まえた上で、古くからの諸特権を喪失し、シチリア人の誇りが傷つけられた両シチリア王国に関連して、アマーリは次のような問答を展開する。

問　シチリア人の主要な権利と要求は何か？
答　独立。
問　独立は何を意味するのか？

答　シチリアは、国王や外国人に依存せずに、自らが統治することである。
問　なぜ、そのことがシチリア人の主要な権利なのか？
答　なぜならば道理と歴史が、シチリア人は独立しなければならない、何世紀も前からそうであったことをわれわれに教えているからである。

アマーリは、独立したシチリア王国をイタリア連邦のなかに位置づけている。かれは、イタリア半島は長い間にわたって分裂し、一つの国家に統一することは難しいと考え、ナーポリからの「独立を実現し、憲法を堅持し、イタリア諸邦の同盟」に加わるとして、シチリアをリソルジメント運動と関連付けて、論じている。

ナーポリ出身の歴史家ジュゼッペ・ガラッソは、シチリアだけでなく南イタリアでも、「イタリア（祖国と民族）にかかわる議論が政治勢力のなかで根を下ろすようになる」のは一八二〇〜二一年頃と指摘している。なお、一八四八年革命前のシチリアでは、統一国家イタリアではなく、連邦制によるイタリアの統一という思潮が主流であった。

シチリアの一八四八年革命

一八四八年は、パリ、ウィーン、ベルリン、ミラーノなどで革命が起こり、「諸国民の春」と呼ばれる。その革命の先鞭をつけたのはパレルモの革命である。フェルディナンド王の誕生日にあたる一八四八年一月一二日、「不誠実な国王に対するお祝い」として、パレルモで革命が起こった。一月初頭からパレルモ市内で、「シチリア人よ、祈りの時はむなしく過ぎた。抗議、嘆願、平和的なデモンストレーションも無益である。シチリアの子どもたちよ、武器をとれ」と、国王の誕生日の祝砲を合図に、蜂起を告げるビラが出回っていた。

革命の行動隊長はジュゼッペ・ラ・マーサで、パレルモの民衆地域フィエーラヴェッキア広場で決起した。武装した市民や近隣の農民が兵舎を襲い、総督をシチリアから放逐した。

臨時政府は貴族のルッジェーロ・セッティモを議長に選出した。かれは、「神は望まれた」という言葉をもって、「君主によってではなく、勝利をおさめた民衆によって」招集された議会で、ブルボン王朝の失墜、ナーポリからの独立を宣言した。

臨時政府によって発布された憲法第二条には「シチリアは永遠に独立国家である」と、第三条には「主権はシチリア全市民に属する」と明記された。その憲法作成にかかわった一人にパオロ・パテルノストロがいる。かれは革命崩壊後にエジプトに亡命するが、その息子で法律学者のアレッサンドロがお雇い外国人として明治期に来日している。

臨時政府は、国王にブルボン家以外のイタリアの君主を指名すると宣言する。それはサルデーニャ王国のカルロ・アルベルト王の次男でジェーノヴァ公アルベルト・アメデーオであった。しかし、オーストリアと戦っていたサルデーニャ王国はシチリアの申し出を断っている。シチリアの一八四八年革命の命は一六ヵ月で終わった。

一八四八年革命後の一〇年間

革命後に、多くのシチリア人が亡命地として選んだのがサルデーニャ王国であった。一八四八年革命後もイタリアで唯一、憲法を保持していたサルデーニャ王国に亡命したシチリア人は二分されることになる。一つは、前述したアルバニア人の血を引くクリスピのように共和制によるイタリア統一を目指すグループ、もう一つはラ・ファリーナのようにサルデーニャ王国を中心とする君主制の統一を志向するグループである。

クリスピは、一八三一年に「青年イタリア」を結成したジュゼッペ・マッツィーニの主張する共和制によるイタリア統一を支持し、シチリアで密かに民衆蜂起を準備した。かれは、民衆的な英雄ガリバルディに、義勇兵部隊のシチリア遠征を強力に働きかけた。

伝説的英雄・ガリバルディ

一八六〇年の復活祭にあたる四月四日、パレルモのガンチャ修道院でフランチェスコ・リーゾの指導する民衆反乱が起こった。武装したグループと警察が衝突し、それにパン、土地、社会正義を求める農民も加わった。復活祭に反乱を起こしたことは、「シチリアの晩禱」事件を意識していたのかもしれない。シチリアの革命は常に祝祭日に起こっており、革命と祝祭が密接に結合している。

シチリア人が望んだのは、マッツィーニでもサルデーニャ王国の首相カミッロ・カヴールでもなく、すでに伝説的な英雄となっていたガリバルディであった。シチリア人は、自由をもたらす白馬に乗ったガリバルディの登場を待ち望んでいた。

クリスピは、ガリバルディに反乱を誇張して報告し、義勇兵の遠征に踏み切らせた。「千人隊」とよばれることになる赤シャツを着た、ガリバルディ率いる義勇兵部隊がシチリア西端のマルサーラに上陸した。一八六〇年五月一一日のことである。一〇八六人の義勇兵のなかに四五人のシチリア人がいた。船から最初に降り、シチリアの土を踏んだのはクリスピであったと伝えられている。

「茹でた海老のように真っ赤な、みすぼらしい服を着た」ガリバルディ率いる千人隊の上陸は、シチリアの新たな激動の始まりだった。ピッチョッティと呼ばれる青年たちが、千人隊に加わった。ランペドゥーザの『山猫』のなかに、サリーナ公爵に血気盛んな甥のタンクレーディが、シチリアに上陸したガリバルディ率いる千人隊への参加を告げる有名なセリフがある。

われわれも加わらなければ、連中は共和国を作り上げてしまうでしょう。もしすべてが現状のままであることをぼくらが望むなら、すべてが変わる必要があるのです。（ジュゼッペ・トマージ・ディ・ランペドゥーザ／脇功・武谷なおみ訳『ランペドゥーザ全小説』作品社、二〇一四年）

それはイタリア統一の流れに逆らわず、そのなかに組み込まれることで、生き残ることを模索しなければならなかったシチリア人の辿りついた心境を、ランペドゥーザが代弁したのであろう。

千人隊、パレルモ入城

マルサーラ上陸から三日後、ガリバルディはサーレミでサルデーニャ国王の「ヴィットーリオ・エマヌエーレとイタリア」の名において独裁官を宣言した。今も語り継がれるカラータフィーミでの戦いで千人隊はブルボン軍を打破し、パレルモに入城した。

ガリバルディは、農民の支持を得るために製粉税の廃止を宣言した。また、義勇兵に志願したものには共有地の分割を約束した。しかし、ガリバルディの関心はシチリアの改革ではなく、ナーポリ、ローマと進撃し、イタリア統一を実現することにあった。そのことで、シチリア農民の不満は高まり、社会騒乱が農村部で起こった。その一つが、フェルディナンド王がネルソン提督に贈呈した、ブロンテにおける共有地の分割を要求する騒乱である。ガリバルディは軍隊を派遣して、その騒乱を弾圧した。

ブルボン家を支持し、イタリア統一に反対するカトリック教会の『チヴィルタ・カットーリカ』誌(一八六〇年八月三〇日号)は、ブロンテの騒乱に関連して、シチリア農民は人肉を食べる習慣、カニバリズムがあるという記事を発表している。イギリスの著名なイタリア史家マック・スミスは、『シチリア史』で、その記述を無批判に踏襲し、シチリア人の誇りを著しく傷つけた。

イタリアへの併合

勢いに乗るガリバルディの義勇兵部隊は、イタリア本土に上陸すると、破竹の勢いでブルボン軍を蹴散らして北上し、ナーポリ入城を果たした。ガリバルディはさらにローマに進軍し、立憲議会でイタリア統一を完成することを考えていた。他方、サルデーニャ王国の首相カヴールはフランスの軍事介入を招きかねないローマ進軍を絶対に阻止し、シチリアと南イタリアをサルデーニャ王国に即時併合しようとした。

ガリバルディはカヴールに押し切られ、「イタリア人民はヴィットーリオ・エマヌエーレとその正統な後継者による一つの不可分なイタリアを欲する」かを、イエスかノーで問う住民投票が行われた(一八六〇年一〇月)。シチリアの有権者の九九・五パーセントがサルデーニャ王国への併合に賛成票を投じた。パレルモでは賛成が三万六〇〇〇に対して反対は二〇であった。その数字からして、住民投票で不正が行われたことは明らかである。投票者のなかには、住民投票をシチリアの解放者ガリバルディの支持か反対かを問うものと考えていたものもいたといわれる。

シチリアは、一二五年続いたブルボン家支配の後に、サヴォイア王家のイタリア王国に併合された。ガリバルディ率いる千人隊がシチリアを征服した時、マルクスは、「シチリアとシチリア人」（邦訳は『マルクス＝エンゲルス全集』一五巻、大月書店に所収。以下の引用はイタリア語から筆者が翻訳したもの）と題する記事を書いている。かれは、よそ者に支配され続けてきたシチリア人の歴史について、鋭く指摘している。

あらゆる人類の歴史において、よそ者に征服され、隷属させられ、抑圧され、恐るべき状態を耐え忍んだ、シチリア、シチリア人のようなものは、いかなる場所にも、いかなる人民にもいない。かれらのように、自らの解放のために、屈することなく戦ったものはいない。

ポリペモース（ホメロスの『オデュッセイア』に登場する一つ目の人食い巨人）がエトナ山麓を通過したとき、あるいはケレース（ローマ神話の豊穣の神）が穀物栽培をシークリ人に教えたときから今日に至るまで、シチリアは侵略と打ち続く戦いにおいて、果敢な抵抗の舞台であった。

シチリア人は南と北のあらゆる人種が混血したものである。まず、原住民のシカーニ人、フェニキア人、カルタゴ人、ギリシア人、そして売買あるいは戦争によって世界各地からシチリアに連れてこられた奴隷、さらにアラブ人、ノルマン人、イタリア人との混血である。シチリア人は、あらゆる転変と推移の間にも、自らの自由のために戦ってきたし、戦い続けている。

3　イタリアへの失望

熱狂から失望へ

イタリア国王ヴィットーリオ・エマヌエーレ二世がパレルモに到着した時、「ラタリア万歳」という声が聞かれた。ラタリアとはシチリア方言でイタリアという意味であるが、王妃の名前と勘違いしていたシチリア人も少なくなかったという。民衆には、イタリアという地理的・政治的な概念を理解できないものもいたが、それは当時のシチリアのまぎれもない現実であった。

統一時にイタリアの総人口は二二〇〇万人で、そのうちシチリアは約二四〇万人であった。イタリア本土では、シチリアは自然に恵まれた豊かなところであるが、ブルボンの悪政によって疲弊してしまったという風説が流布していた。そのシチリアが厄介な存在と見なされるのに時間はかからなかった。

イタリア王国は、徴兵制・義務教育制度ともに、サルデーニャ王国で発布されていた法律をシチリアに適用し、中央集権的な国家統合を行った。義務徴兵制は、重要な労働力を長期間にわたって奪われるだけに、農村社会で騒乱を惹起し、多数の徴兵忌避者が山賊と化す状況が生まれた。政府は軍隊を動員して徴兵忌避者の捜索を徹底的におこなった。

軍隊が夜間に村を包囲し、一軒一軒、徴兵忌避者を捜索し、応答のない家には火を放った。徴兵検査に出頭しなかった聾唖《ろうあ》者のカッペッロに、聾唖が虚偽であることを自白させようと、一五九ヵ所に焼き鏝《ごて》を当てる拷問がおこなわれた。

非人道的と批判をうけた指揮官ゴヴォーネ将軍は、シチリア人の野蛮性を理由にあげ、それに反論した。実証主義者の犯罪学者で、シチリア出身のアルフレード・ニチェフォロは、イタリアを北部のアーリア人と南部のネグロイドに分類し、南部人に対する北部人の優越性を主張している。

シチリアでガリバルディがもたらした熱狂は瞬く間に消えた。改善・改革に対する期待の一つ一つが裏切られていった。シチリア人のイタリアに対する期待が失望に変わるのに時間はかからず、シチリアはイタリアに対する抗議の反乱を起こすことになる。

「セッテ・エ・メッゾ」の反乱

統一から五年後の一八六六年、パレルモで反乱が起こった。その反乱は七日（セッテ）と半日（メッゾ）続いたことで、「セッテ・エ・メッゾ」の反乱と呼ばれる。一万人近い死者を出したといわれる「セッテ・エ・メッゾ」の反乱は、特定できる指導者もおらず、きわめてアナーキーなものであった。反乱の中心はパレルモの民衆であったが、ブルボン家を支持するもの、聖職者を擁護するもの、自治主義者などが背後には存在していた。

反乱の要因は、ヴェーネト併合の戦争のための戦費を調達するために、シチリアの「すでに吸い尽くされていた乳房」からさらに税金を吸い取ろうとしたことへの抗議、緊縮財政のためにパレルモ民衆の最大の楽しみであるサンタ・ロザリーアの祭りが廃止されたことへの怒りであったともいわれる。あのカラッチョロにおいても縮小さえできなかった祭りを廃止したことに、民衆の不満は極限に達したといえる。

しかし、パレルモ民衆の反乱も、一週間が経つ頃に、家々の窓にイタリア国旗が掲げられ、民衆は兵士にワインを振る舞うようになる。反乱は自然に収まり、町は平静にもどった。そのころに、コレラが猛威をふるい始めていたが、民衆はイタリア政府が科した懲らしめとして耐えねばならなかった。

とはいえ、イタリア政府はシチリアに学校・病院・刑務所を開設している。一八六三年にはシチリアで汽車が初めて走っている。教会を中心とする農村社会では、北部・中部イタリアで普及していた農民や職人の相互扶助会も浸透するようになる。緩慢ではあるが、シチリアにおける国家統合が進行した。

だが、イタリア王国で公教育大臣となっていたアマーリが、「イタリアへの併合が必要ならば、シチリアの自治を保持することは不可欠である」と述べたように、シチリアの自治の要求を悪魔払いのようには取り除くことが出来なかった。

統一時のシチリア経済

フランケッティとソンニーノによる『シチリア調査』(一八七六年)は、「シチリアは諸悪に対する処方箋を見出すであろう。シチリア人は多くの特別な事例でそれを示し始めているし、そのことを住民の知識とエネルギー、さらに無限の豊かな資源が保証している」と述べている。

シチリアの主要農産物は、古代ローマ以来の大土地所有地で生産される小麦の他に、オレンジ・レモンの柑橘《かんきつ》類と硫黄《いおう》であった。小麦は道路も整備されていない、内陸部の広大な大土地所有地で耕作されていた。柑橘類の畑は灌漑《かんがい》施設が整った沿岸都市の周辺に集中していた。

ローマ支配時代から採掘されていた硫黄は、長く世界市場を独占した、シチリアの数少ない地下資源であった。フランスやイギリスの化学産業の誕生にともなって、硫黄はシチリアの貴重な輸出品であった。カルタニセッタ、エンナ、アグリジェントの硫黄鉱山で、採掘した硫黄を籠に入れて、狭く小さな坑道を這うようにして地上に運び上げるのは、カルーソと呼ばれる一六歳未満の子どもであった。かれらは熱気と粉塵が充満する最悪の労働環境で酷使された。

フランス人の作家モーパッサンはカルーソの非人道的な児童労働を告発している。歴史家フランチェスコ・レンダは、雀の涙ほどの賃金で子どもを働かせることは、「犯罪的なジェノサイドに等しい」と述べている。

シチリアで産業の発展がみられたのは、ガリバルディが上陸したマルサーラで、イギリス企業のウッドハウスとインガムのブドウ酒醸造場があった。メッシーナとカターニアには手袋・帽子・綿織物・絹織物の産業が存在したが、家内工業レベルであった。そのなかで、後述するフローリオは、一九世紀後半から二〇世紀前半に造船・海運などにも手を広げ、世紀末には八〇〇人の労働者が働く造船所を経営するシチリア最大の企業となった。

一八八七年にフランスとの関税戦争が始まると、イタリア政府は北部の工業を守るために保護主義政策をとり、ワイン・柑橘類を中心とするシチリアの農業は打撃を受けた。シチリアの唯一の地下資源である硫黄も、近代的な技術で採掘された安価なアメリカ産に押されて、危機に陥った。家内工業的な織物産業は、とくに北イタリアの製品に太刀打ちできなくなった。

シチリアの経済を振興するために、ミラーノ（一八七一年、一八八一年）・トリーノ（一八八四年）に続いて、パレルモで一八九一年に博覧会が開催された。博覧会は先進技術や特産品を展示し、資本主義の発展を映す鏡であった。ミラーノやトリーノの博覧会で工業製品が多く出品されたのとは対照的に、パレルモではドゥクロー社の家具、ダ・サーロ社のパスタ、サンドロン社の書籍などが出品されている。

フランスとの関税戦争の時代は、統一後にイタリア経済が経験した「最も暗い」時代であった。穀物、ワイン、柑橘類、硫黄などの価格は暴落し、シチリアは極度の不況に陥った。統一前に存在していた北と南の経済的・社会的二重構造は、北部・中部の発展にともなって拡大し、深刻化していった。シチリア人のなかに、シチリアは「イタリアに植民地化された」という、一種の被害者意識が生まれるのも、この時期である。

マフィアの登場

シチリアといえば、まずマフィアを連想する人も少なくないであろう。たしかに、近現代シチリアにおいて、マフィアの存在は重大な問題である。

マフィアの存在が指摘されるのは、イタリア統一後のことである。しかし、その存在は以前から知られていた。ブルボン時代の一八三八年にシチリア西部のトラーパニの行政官が行った報告で、公権力に代わり、地方行政に介入する「地主あるいは司祭長」を頭《かしら》とする秘密の「一種の結社」が存在すると指摘されている。

マフィアの起源は、パレルモや、遠くはパリに住んでいた大土地所有者である貴族に代わって、農地を管理した農地管理人である。広大な農地、羊、森林の管理を地主から任された農地管理人は、穀物の種まきから収穫、そして販売まですべてを管理した。かれらは、地主から委ねられた農地を分割して又貸しし、利益をあげた。農地管理人以外に、所有者にかわって硫黄鉱山を管理したもの、柑橘類の農園で水源から販路にいたるまで管理したものもいた。

マフィアの活動は、とりわけ統一後のシチリアの経済的・政治的・社会的変化にともなって、農村社会で顕在化するようになる。前掲のフランケッティとソンニーノの『シチリア調査』では、マフィアは「しばしば裕福な土地所有者と手を組み、暴力と犯罪で力をつけた無頼、盗賊、無法者の集団」と指摘されている。

マフィアは、シチリアの後進性の隠喩として語られ、近代化すれば消滅すると楽観的に考えられていた。しかし、農村社会で政治を牛耳るようになったマフィアは、シチリアの政治・社会・経済の変化を触媒として、勢力を増殖し、国政とも深いつながりをもつようになる。

最近の研究では、マフィアを後進的なシチリアの「野蛮な遺産」とする伝統的な解釈を否定して、一九世紀のシチリアの近代化の「毒を含んだ果実の一つ」と見なしている。イタリア統一後、古くからの支配者や新興ブルジョアジーは、国有化され、売却された教会所有の広大な農地を暴力的方法で購入し、土地売買が過熱化した。この時期に、パレルモ周辺で生産を拡大していた柑橘類や、近代工業の発展にともなって需要が増していたカルタニセッタなどで産出される硫黄は、シチリアの重要な輸出品となっていた。マフィアが勢力を拡大したのは、このような近代的で、国際的な経済活動によるところが大きかった。また、農地管理人の起源をもつ農村マフィアから都市マフィアへの直線的な変遷という伝統的な解釈も否定されている。

ノタルバルトロ事件

シチリア、いやイタリアの政治・経済界を揺るがすマフィアに絡む事件が一九世紀末に起こった。

シチリア銀行前頭取ノタルバルトロは、一八九三年二月、テルミニ・イメレーゼ駅からパレルモ行きの汽車に乗り、いつものように一等車のコンパートメントに座っていた。かれの他に客はいなかった。そこに刺客が入ってきて、ノタルバルトロを短刀で二七ヵ所刺し、汽車の窓から投げ落とした。

被害者が「金のソファー」と形容されたシチリアで大きな影響力をもつシチリア銀行の前頭取という社会的に高い地位にあったことや、残忍な殺人の方法から、事件は単なる物取りではなく、マフィアが絡んだものとみなされていた。それを裏付けるかのように、事件の数年前から、シチリア銀行にマフィアの手がのびたという噂が流れていた。

シチリア銀行で政治家への融資が焦げつき、多額の欠損を出していたことから、ノタルバルトロは不正融資に関与した理事の調査を秘密裏におこない、銀行の管轄官庁である農・商務大臣に報告書を送っていた。

あろうことか、大臣室から密かに持ち出された報告書がシチリア銀行重役の「友人の友人」、すなわちマフィアの手に渡ってしまった。ノタルバルトロは二重三重に張り巡らされた陰謀で孤立化し、辞任に追い込まれた。国による特別調査とノタルバルトロの頭取復帰が日程に上り始めた時に、暗殺事件は起こったのである。

この暗殺を仕掛けたのは、シチリア銀行の重役で、クリスピ支持者の下院議員パリッツォーロであった。パリッツォーロに対する裁判は、パレルモでは影響を受けることを考慮して、ミラーノで開かれた。一九〇〇年、その判決は、証拠不十分で検察に再調査を求めるものであった。

ミラーノ判決の直後、詩人で作家のアルフレード・オリアーニは、「美しくも不幸な島」シチリアで、シチリア銀行の「王位」にのぼりつめた、「実直な」なノタルバルトロの暗殺を、「シチリアの徳の偉大な擁護者」に対する「マフィアの殺人」であると断言した。そして、判決は「アジールに逃げ込む中世の権利」を暗殺者に与え、「すべてが下水道に落ちた」と述べ、「シチリアは悪魔の棲む楽園」であり、「イタリアの足元にある癌」と批判した。

シチリア出身の政治家コラヤンニは、オリアーニの批判をシチリアに対する「決定的な冒瀆」と反発しながらも、ミラーノの裁判所が「下水をいささかかき交ぜよう」とした、「私的な裁きの下劣な、吐き気を催すようなショー」であると、ミラーノの判決に不満を述べた。

この判決後に、今も続く、シチリアとマフィアを同一視し、シチリアを野蛮な、無法地帯と見なすイメージが生まれた。

逸脱したシチリア主義

ミラーノの判決後、ボローニャ裁判所は、事件の主犯として、パリッツォーロに三〇年の懲役の判決を下した。ボローニャ判決はシチリア人のプライドを著しく損ない、パリッツォーロはイタリアに侮辱されたシチリア人の象徴に祭り上げられることになる。

ボローニャ判決の直後、「プロ・シチリア」がパレルモで結成された。ピトレーはその趣意書を書いた。かれは、マフィアを犯罪組織としてではなく、シチリアの伝統的な行動規範と解釈する著名な民俗学者であった。

新聞に趣意書が発表されると、賛同者は瞬く間に六〇人を超えた。そのなかには、五名の国会議員や、ルイージ・カプアーナ、フェデリーコ・デ・ロベルトといった名のある作家もいた。後にシチリア独立運動の中心人物となる貴族のルーチオ・タスカも含まれていた。

「プロ・シチリア」の目的は、パリッツォーロの無罪を勝ち取り、イタリア全土に広がったシチリアとマフィアを同一視する風潮を一掃し、シチリアを擁護することであった。しかし、「プロ・シチリア」は、結果として、マフィアを擁護することになり、ピトレーはマフィアの本質を見誤った、「最高の民俗学者であり、最悪のマフィアの証人」と呼ばれることになる。

続いて、フィレンツェ裁判所は、一九〇三年一月、証拠不十分として、パリッツォーロに対する三〇年の懲役刑を破棄した。無罪となったパリッツォーロは、船をチャーターしてパレルモに戻り、「友人の友人」によって準備された歓迎式に出席した。かれは凱旋将軍であった。

その時、三万人を超える最初の反マフィアの示威行動がシチリアで組織されたことも指摘しておかねばならない。トラビア侯やカンポレアーレ侯といった貴族に指導される、反パリッツォーロ党とも呼ばれる勢力も誕生した。かれらはノタルバルトロの正義とモラルを称賛し、暗殺を命じながら、無罪となったパリッツォーロを激しく批判した。

時を経て、一九八二年九月、マフィア撲滅のためにパレルモに赴任したダッラ・キエーザ将軍は、カラシニコフ銃で蜂の巣のように撃たれて殺された。かれの息子で社会学者のナンド・ダッラ・キエーザによれば、シチリア主義はマフィアの権力システムの活力であった。それは、「一方で大衆の根深い被害者意識、他方でイタリア・ヨーロッパの歴史的背景のなかでのシチリア文明の特殊性という主張にもとづく、シチリア人の強烈で混乱した連帯意識」であった。

もう一つの逸脱したシチリア主義

ボローニャ判決後の一九〇八年、マフィアとの関係はないが、もう一つの逸脱したシチリア主義が見られる。トラーパニ出身の政治家で、郵政大臣、公教育大臣もつとめた、フリーメーソンのヌンツィオ・ナージに逮捕状が出た。容疑は公教育大臣時代の公金横領であった。公私の区別に疎い、古いタイプの政治家ナージは公金に手を付けた。ナージはフランス、イギリスに逃亡し、三年間姿をくらましていたが、帰国後に懲役刑を受け、公職停止となった。

利益誘導、縁故政治で圧倒的な支持を集めていたトラーパニ選挙区で、ナージは殉教者とみなされ、国に抗議して国王や王妃の肖像画を焼き払う騒乱事件がおこった。国王の名前を冠したヴィットーリオ・エマヌエーレ通りはヌンツィオ・ナージ通りに名称が変更され、短時間ではあるが市役所にはフランス国旗が翻った。

ナージ釈放を求める大々的な署名活動が行われた。のちにノーベル賞を受賞する作家ピランデッロもそれに署名している。シチリアに帰還したナージは、パリッツォーロと同じく、凱旋将軍のように迎えられた。トラーパニの選挙民はナージを議員に選出し続けるが、議会はそれを認めなかった。選挙民はトラーパニ港近くに「ナージの家」を建て、かれに贈呈している。

パリッツォーロとナージの例に見るように、シチリアとイタリア本土の心理的・経済的な乖離、対立は埋まるどころか、さらに拡大していた。

シチリア・ファッシの運動

世紀末のシチリアは、政治的・社会的に混乱を極めていた。シチリアでそれまで経験したことのない農民・労働者の運動が瞬く間に広がった。それは、一八九二年に誕生した「勤労者ファッシ」、一般に「シチリア・ファッシ」と呼ばれる運動である。「ファッシ」は複数の枝をまとめて折れにくくしたもので、結束あるいは団結を意味するが、ファシズムとは関係ない。
「シチリア・ファッシ」は、一八九二年夏から翌年の春にかけて、シチリア全土で急速に拡大し、その組織の数は一七五にのぼった。参加者は三〇万人近くに達し、三分の一は労働者・職人、三分の二は農民であった。

農民は、相互扶助会や協同組合的な限界を超えて、小作契約の改善、折半小作の導入、共有地の分割などを要求して、未耕作地を占拠した。硫黄鉱山の労働者は、奴隷のように酷使されていたカルーソと呼ばれる児童労働者の最低年齢を一四歳に引き上げること、夜明けから日没までの労働時間の短縮、最低賃金などを要求した。パレルモやカターニアの大都市の、たとえばフローリオ造船所の社会主義の影響をうけた工場労働者の要求は、憲法で定められた結社・集会の自由、賃金・労働時間などの労働条件の改善などであった。

「シチリア・ファッシ」に参加したものは、それまでの宗教行列や守護聖人のお祭りのような伝統的な宗教的儀式に代わって、シチリア社会の世俗化を象徴する街頭における示威行動や集会などを行った。

「シチリア・ファッシ」の運動が拡大した時の首相は、シチリア出身のクリスピであった。かれは、農民・労働者の生存的要求を拒絶して、四万人の兵士を動員し、シチリア全土に戒厳令を敷き、集会の禁止、武器の没収、出版物の検閲などの措置をとった。クリスピは、一八九四年一月に「シチリア・ファッシ」を解散させ、指導者を軍事法廷で裁いた。

強権的な弾圧と批判を受けたクリスピは、「シチリア・ファッシ」の参加者に見られるシチリア分離の要求に対して民族的統一を守るためと主張した。そのことは、軍事法廷での指導者の判決理由の一つに、パレルモ県の小村ビザクィーノで、シチリアのフランス併合の秘密協定が結ばれていたという、でっち上げの告発に見ることが出来る。

シチリア経済界に君臨したフローリオ

二〇世紀初頭、ヨーロッパやイタリアの大都市と同様に、パレルモでもベルエポックを迎え、リバティー様式の建築物が建てられた。その芸術運動を経済的に支えたのが、シチリア経済界に君臨した一大財閥フローリオであった。

カラーブリア出身のフローリオ家は、小さな雑貨店から始まり、二〇世紀初頭には地中海を結ぶ海運業から、マグロの加工製品の輸出などを通じて、銀行などを傘下に収める一大企業となっていた。自動車レース「タルガ・フローリオ」も開催した。

ヴィッラ・イジェアにあるリバティー様式の壁画

パレルモに建てられたリバティー様式建物で有名なのは、高級ホテル、グランド・ホテル・ヴィッラ・イジェアである。そのホテルにはイギリス国王エドワード七世夫妻、ドイツ皇帝ヴィルヘルム二世などが投宿し、シチリアの著名な貴族が招待され、盛大な晩餐会が開催された。だが、世紀末になると、巨大な財をなしたフローリオ家のホテルや商船会社は人手に渡り、その繁栄は第一次世界大戦前に終わった。

フローリオ家の崩壊を早めた要因として、フローリオ家の子女が嫁いだシチリア貴族が湯水のごとく財産を使い果たしたことを指摘するものもいる。しかし、フローリオ家崩壊のとどめの一撃は、北イタリアの経済界によるものであった。北イタリアの経済界は、イタリア商業銀行を通じて抵当権をつけてフローリオ家に多額の融資を行い、倒産へと導いた。フローリオ家の崩壊は一つの財閥の崩壊にとどまらず、シチリア経済にも大打撃を与えた。職を失ったものは、土地をもたない農民とともに、仕事を求めて、移民としてシチリアから脱出した。

大量の移民を送り出す

よそ者を受け入れてきたシチリアは、移民を送り出す島となった。シチリア移民の要因は、「シチリア・ファッシ」の弾圧、フローリオ家の崩壊などを直接的な契機としながらも、世界経済の不況であり、それがシチリア移民の急激な増加をもたらした。

シチリアからの移民はイタリア王国誕生直後からみられたが、その数は北イタリアと比較して多くはなかった。初期の移民は地理的に近いチュニジアで、多くのシチリア人がその地で小さな店を開いた。その後、フランス、アメリカ合衆国、アルゼンチン、ブラジルなどに移民は向かった。

二〇世紀に入ると、一九〇一～一三年の一三年間に、一〇六万三七三四人のシチリア人が移民として外国に出ている。ちなみに、一九一一年のシチリアの総人口は三六七万二〇〇〇人であったから、その数の多さを知ることができる。まさに、「出シチリア」であった。かれらが移民先で稼いだ金は、移民のための借金返済、あるいはシチリアに残った家族の生活費として送金され、イタリア経済に少なからず貢献した。移民先で蓄えた資金をもとに、故郷で念願の土地を購入し、農業を営んだものもいる。

シチリア人が向かったアメリカ合衆国のなかでも、ニューヨーク、シカゴなどに多くが住んだ。アメリカで市民権を得て、永住したものは、ニューヨークのリトル・イタリーのように、シチリアの習慣を失うことなく、出身地の守護神の祭りを行い、カトリックのマイノリティとして、ミクロコスモスを形成した。

イタリア系アメリカ人のクオモ親子がニューヨーク知事を務めているが、イタリア移民の存在と無関係ではないであろう。また、映画界・音楽界では、シチリアにルーツを持つアル・パチーノ、シルヴェスター・スタローン、レディー・ガガなど多くが活躍している。

アメリカなどに渡ったシチリア人が、移民費用の調達や職業斡旋において、アメリカとシチリアの犯罪組織と深くかかわっていたことは想像に難くない。そのことは、シチリアのマフィアとアメリカの「コーザ・ノストラ」の関係を調査するために、ニューヨークから秘密裏に派遣された警官ジョーゼフ・ペトロジーノが、一九〇九年三月、パレルモで暗殺されたことでも明らかである。

第五章

ファシズムと独立運動

ムッソリーニが、「ローマ進軍」と呼ばれるクーデタで、イタリア政治の実権を握ったのは一九二二年一〇月のことである。そして、一九四三年七月に連合軍の上陸によって、シチリアはファシズム支配から解放された。連合軍のノルマンディ上陸の一年前のことであった。

約二〇年間のシチリアのファシズム支配時代に、最も耳目を集めたのはファシズムによるセンセーショナルなマフィア掃討作戦である。大量の犯罪者やマフィアが逮捕されたが、ほとんどが雑魚《ざこ》で、独裁者ムッソリーニにしてもマフィアの息の根をとめることは出来なかった。

連合軍のシチリア上陸とともに、マフィアは、反ファシズム勢力として蘇り、連合軍物資の闇取引で活躍し、同じ時期にシチリアの政治舞台に躍り出たシチリア独立運動に加わった。

戦後、シチリアはイタリア共和国のなかで、大幅な自治が認められた特別自治州となった。イタリアは奇跡の経済復興を達成するが、シチリアの多くの若者が、トリーノのフィアットの工場などで働くために、国内移民として、故郷を離れた。

1　ファシズムへの同意と抵抗

第一次世界大戦とシチリア

イタリアは、一八八二年にドイツ、オーストリアと三国同盟を締結していたが、第一次世界大戦では、イギリス、フランス、ロシアの三国協商側にたって参戦した。この戦争で、シチリアでは七万二〇〇〇人が徴兵されたが、七〇〇〇人の徴兵忌避者、六〇〇〇人の脱走者を出した。忌避者には移民でシチリアを離れていたものも含まれていた。農民の兵士に脱走者が多かったことから、農繁期に特別に認められていた農業休暇は中止された。戦場ではシチリア人からなる部隊がドイツ軍と戦うことなく降伏した例もある。それらはシチリア人の反戦・厭戦の意識を示している。

イタリアは、三国協商側の勝利で、戦勝国となった。しかし、パリ講和会議でフィウーメ（現在のクロアチアのリエカ）がイタリア領として認められず、「講和での敗戦国」あるいは「損なわれた勝利」といわれることになる。

第一次世界大戦で大量の戦死者を出したシチリアでは、伝統的な社会均衡を揺るがす二つの重大な事態が生じた。一つは、帰還兵による農地を要求する運動である。政府は、戦争への広い同意を獲得するために、兵士に農地を与える政策を打ち出した。過酷な塹壕戦から帰還した農民は、「農民に土地を」運動を展開し、大土地所有者の威信と権力に打撃を与えた。

もう一つは、マフィア活動の激化である。大土地所有者は、農地管理を委ねていたマフィアを使って、土地を要求する農民に対抗した。マフィアによる農民運動指導者の暗殺事件が多発することになる。戦争が終わって一年目の一九一九年の一年間に、アグリジェント県のカニカッティだけでも、一〇九件の殺人事件が起きている。

マフィアは、第一次世界大戦後の混乱期に勢力を拡大した。その一人が、マフィアのボスのなかのボスと呼ばれるようになる、ヴィッラルバのカロジェーロ・ヴィッツィーニである。かれについては、シチリア独立運動との関連で後述する。

伝統的な大土地所有者の支配を揺るがす農民運動に強い危機感を抱いた支配階層の知識人は、シチリア主義に新しい息吹を吹き込んだ。かれらは、大土地所有制という古くからの支配構造のなかで、シチリア社会を同一的で、調和的な、一体化した歴史的存在と見なし、その維持と存続を主張した。その主張は、歴史家マンジャメーリによれば、後進性・貧困・マフィアといった諸悪の要因をシチリアの外、すなわちイタリアに求め、シチリア人の結束を訴える「シチリア主義者のイデオロギー」に他ならなかった。シチリア主義者は、ローマの中央政府が北部イタリアの工業発展を優先し、農業のシチリアをないがしろにし、あるいは搾取したと主張した。

クローチェのシチリアにかかわる指摘

二〇世紀イタリアを代表する哲学者で歴史家のクローチェは、『ナーポリ王国史』(一九二五年)で、「シチリアの晩禱《ばんとう》」事件によってシチリアがイタリアから切り離され、アラゴン・スペイン支配下にはいったことに、シチリアの後進性の根源を求めた。

ルネサンスがシチリアでは見られないことの要因を、クローチェは、「シチリアの晩禱」以降のシチリアの歴史にあると考えた。シチリア人は「残虐で、排他的な貴族階層の犠牲となり、イタリアの文化からほとんど切り離されたままで、その乖離が消えることのない地方主義的生活」のなかに留まっている、とクローチェは主張した。

これに対して、シチリア出身の政治家ヴィットーリオ・エマヌエーレ・オルランドは真っ向からクローチェに反論し、「シチリアの晩禱」によってシチリア人は独立を守ったと主張した。その反論は、シチリアの過度な郷土愛が視野狭窄を引き起こし、真っ当な議論を阻害してしまったものであり、

「プロ・シチリア」の主張と通ずるものがあった。

シチリアにおけるファシズム運動

ムッソリーニの「ローマ進軍」前に、ボローニャなど中部イタリアでは、社会党とファシズム懲罰隊との衝突が生じていたが、シチリアでは、畜産業が主たる産業で、大土地所有者が存在しないラグーザで起こっただけである。ラグーザの農業銀行から支援を受けたファシストが行政を支配していた社会党に対して攻撃をかけている。

ファシズムがシチリア全域を支配するのは、ムッソリーニが政権を掌握してからである。ちなみに、一九二二年のムッソリーニの第一次内閣には公教育大臣として哲学者ジェンティーレ、公共事業大臣としてカルナッツァなど、次官も含めて五人のシチリア人がいた。

ムッソリーニに独裁を許すことになるアチェルボ法、すなわち投票総数の二五パーセント以上を獲得した政党に議会の三分の二の議席を与える選挙法で、一九二四年四月に選挙が行われた。自由主義者を含む統一候補者名簿で選挙に臨んだファシスト党は圧勝した。ファシスト党の投票率は全国平均が六四・九パーセントであったのに対して、シチリアでは七〇・四パーセントと、イタリアのなかで一番高かった。

シチリアの自由主義者はファシスト党の勝利に大きく貢献した。ファシスト党に対して「異なる思想の調和」の姿勢をとったシチリアの自由主義者の代表が、前述したオルランドである。

大土地所有者階層は、オルランドに代表される自由主義者からムッソリーニへと支持を変えた。それはファシズムへの同意というよりは、シチリア人に歴史的に培われた、風向きを見る習性であったともいえる。かれらはファシズムへの支持を表面的には表明しながらも、ファシズム末期に、ファシズムに虐げられたとして、反ファシズムの立場をとり、「シチリア独立運動」に参加することになる。

シャーシャのファシズム時代の思い出

シチリアを代表する社会派の作家レオナルド・シャーシャは、「ローマ進軍」の一年前、一九二一年にアラブ人入植に起源をもつラカルムートに生まれた。シャーシャの祖父は九歳の時から晩年まで硫黄鉱山で働き、司祭に読み書きを習い、鉱山の親方、管理人へと経歴を重ねた。

祖父は財を成すことはなかったが、選挙でのマフィアの介入に毅然と抵抗し、周りの信望を得て、仲間から尊敬される人物であった。しかし、シチリアの女性は「金儲けの能力で人を判断する」のが一般的で、娘たちは父親が馬鹿正直であると恨み言をいっていた。

孫のシャーシャは、「正直であることはシチリア人の抑制された大きな徳」と、祖父を尊敬している。父親もその徳を持ち合わせていたが、祖父とは異なっていた。移民としてニューヨークのクリーニング屋で働いたのち、帰国した父親は党員証がなければ仕事に就けないという理由で、ファシスト党に入党した。祖父はそんなことは絶対にしなかった、と孫はいう。

小学校に上がる前のことだが、使用人の女性が新聞に掲載されたムッソリーニの写真を見せて、「本当はね、ムッソリーニではなく、ムッソ・ディ・ポルコ（豚の鼻）というのだよ」と、話してくれた。叔母の家では、編み針やハサミの入った籠のなかにあったマッテオッティ（統一社会党の中心人物で、ファシスト党を批判し、ファシストの刺客に暗殺された）の写真を見せられ、「あの男」が殺したのだと話してくれた。幼少のシャーシャには「あの男」が誰かは分かっていた。

小学校では、日雇い労働者や硫黄鉱夫の日当と同じ五リラを払って、ファシズムの少年・少女の組織「バリッラ」に加入しなければならなかった。シャーシャは、土曜日の午後、「バリッラ」の制服を着て、木製の模造小銃をかついで行進することに感動を覚えず、やる気がおきなかった。行進ではいつも歩調がとれずに、指導者のカーポスクワードラから叱られた。一〇歳になったころ、母方の親戚が「全国バリッラ事業団」ラカルムート支部長になったことで、土曜日の訓練から解放された。それは社会や国家が課す義務から免除される縁故主義的な特権であるが、「マフィアの根源であることをよく知っている。その特権を、私もその時一度だけ活用した」とかれは述べている。

エチオピア戦争では、矛盾する自分がいた、という。かれは、ファシズムに醜い、馬鹿げた側面を見出す一方で、軍事的な成功に興奮していた。スペイン内乱に、反共和国勢力を支持して義勇兵が派遣された時、ファシズムに対する反感は決定的なものとなった。それは、イデオロギーからではなく、感情的、道徳的、知的なレベルのものであった。その時の思いは、小説『レガルペトラ教区の人々』のなかで描かれている。

家に経済的余裕がなかったので、大学進学を諦め、ラカルムートの生活も続けられる師範学校に進学し、小学校の教員となる道を選んだ。師範学校に通っていたころ、ラカルムートで、ファシズムの余暇活動である「ドーポラヴォーロ」に入会した。そこで、新聞を読んだり、トランプをしたり、おしゃべりなどをして過ごした。

シチリアでは、「ローマ進軍」の時と同様に、激震を感じることなく、ムッソリーニが失墜して、連合軍政府統治が始まった。副王がパレルモを離れるたびに、シチリア人は次の副王は前任者よりも良い人物であり、改革がもたらされると期待した。だが、いつも期待は裏切られた。このように、自叙伝でシャーシャは書いている。

ムッソリーニの「穀物戦争」

ムッソリーニはシチリアを二度訪れている。一回目は一九二四年五月で、二度目は一九三七年である。一回目の訪問は、ムッソリーニが開始する「穀物戦争」と呼ばれる食糧の自給自足政策の時期であった。

「穀物戦争」は全イタリア規模で推進されたが、シチリアではローマ時代から「金の卵」と呼ばれた穀物の耕作地が拡大され、農民の入植が促進され、大土地所有者に歓迎された。

「穀物戦争」と並行して、シチリア東部のギリシアの植民市レオンティニに起源をもつレンティーニの湿地帯で干拓が行われた。ファシズムの干拓事業ではローマ近郊のリットーリア、現在のラティーナが有名であるが、レンティーニでもマラリアを運ぶ蚊の発生源である湿地帯が干拓され、農地に変わった。それは公衆衛生、雇用の創出など、多くの利点をもつ事業であった。ファシズムによる「穀物戦争」と干拓事業は、ファシズムと大土地所有者の関係を強化し、静的であったシチリア社会に少なからぬ動きをもたらした。

「鉄の知事」のマフィア掃討

ファシズムがシチリア社会に大きなインパクトを与えたのはマフィア撲滅作戦である。ムッソリーニは絶対的な支配の確立をめざして、「国家のなかの国家」であるマフィアを撲滅するために、チェーザレ・モーリをパレルモ知事に任命した。

マフィアの撲滅作戦（一九二五〜三一年）は、シチリアにファシズム国家の政治倫理を示し、権威を確立することを目的とした。そのことを「当時のシチリアで完全に欠如していた国家への信頼感を作りだしうる、迅速で断固とした介入」と、歴史家サルヴァトーレ・ルーポは指摘している。

センセーショナルで苛烈なマフィア掃討によって、モーリは「鉄の知事」と呼ばれることになる。かれは、軍隊を動員して、家畜窃盗や誘拐を行っていた犯罪組織の巣窟といわれた山岳都市ガンジで、羊の群れを追い込むように、容疑者を一網打尽にした。

モーリ知事とともに、ガンジを訪れたファシスト党パレルモ支部書記長クッコは「生き血を吸い上げてきた蛭《ひる》からみんなを解放する」と述べたといわれる。この作戦はファシズムの権威を誇示し、マフィアの失墜を社会に見せつけることであった。犯罪件数は減少し、たしかに掃討作戦の成果はあったが、逮捕者のほとんどが小物であった。

マフィア撲滅作戦は政治闘争の側面があったことを忘れてはならない。マフィア、「危険な階層」と呼ばれる家畜の窃盗や誘拐を行っていた犯罪者集団だけでなく、自由主義者、そしてファシストであっても隠然とした力を有し、個人的に名声を博した人物などが追放された。リビア戦争の英雄で、一九二四年の選挙で自由主義者として国会議員となり、陸軍大臣も務めたアントーニオ・ディ・ジョルジョ将軍は、その一人である。かれは反ファシストとして排除され、公的生活を退いた。それは、かれの個人的な名声が、独裁者ムッソリーニに対抗する存在と見なされたからである。

ムッソリーニが二度目にシチリアを訪れた一九三七年は、エチオピアを征服し、ファシズムに対する「同意」が最高に達した時であった。ムッソリーニは、地中海の支配を目指して、シチリアを北アフリカ戦線での戦略拠点としようとした。

シチリアの大土地所有地への入植に関する法律が一九四〇年に出され、地主の同意なしに入植政策が強行された。その政策は「農村に戻る」というファシズムの農本主義、反都市化と結合したものであるが、大土地所有者を反ファシズムへと導くことになる。

最初の入植地は、前述したフェルディナンド王がネルソン提督に与えた、エトナ山麓のブロンテであった。イギリス領と見なされていたブロンテに手を付けたことは、イギリスに対抗したムッソリーニの地中海戦略を示している。ちなみに、シチリア上陸直後、イギリス軍はこの地を占領することになる。

シチリアの反ファシズム運動

エチオピア征服、スペイン内乱への介入と続く、ファシズムに厳しく支配された陰鬱な一九三〇年代後半に、シチリアでも反ファシズムの感情が生まれた。

カターニアの高校で唯一、ファシスト党に加入していない教員であったカルメーロ・サラニートロは、授業中にホロコーストとファシズム体制の実態を生徒に話したことで、国家反逆罪として逮捕された。ファシズム体制崩壊後にドイツ側に引き渡されたサラニートロは、マウトハウゼンのガス室で殺された。

戦争を「イタリアのでも、ましてやファシズムのでもなく、ムッソリーニの戦争」と考えるシチリア人も増えていった。ムッソリーニは、一九四一年八月にファシズム体制への忠誠を欠くとして、「シチリア人役人のすべてをシチリアの役所から即刻追放」している。

反ファシズム宣言『シチリア人にシチリアを』

アントーニオ・カーネパ（仮名マーリオ・トゥッリ）は、一九四二年末にカターニアで『シチリア人にシチリアを』を地下出版した。かれは、後述する「シチリア独立運動」の指導者として、シチリア独立義勇軍（EVIS）の司令官となり、警察との銃撃戦で死亡する人物である。『シチリア人にシチリアを』は、反ファシズムの立場で、民衆に分かりやすく平易な語り口で、シチリアの独立と自治を鼓舞している。カーネパは、前述したアマーリの『シチリアの政治問答』と同様に、シチリアの地理的・歴史的観点から、シチリアの独立を説いている。

シチリアは島である。周りは海で囲まれている。このようにお創りになった神自身が、シチリアは大陸から切り離され、分離されたものであらねばならないということをはっきりとお示しになった。

だが、この分離はしばしば踏みにじられた。神の意志に反して、シチリアを力で大陸と統合しようとしたものがいた。それは、シチリア人ではなく、イタリア半島の人々である。カーネパは次のように言う。

われわれシチリア人は、しばしば自由と独立を失った。われわれは侮辱され、蹂躙され、とりわけ搾取され、貧困と飢餓に陥った。シチリア人は武器をとって、海から、メッシーナ海峡を渡ってやってきたものを追い払った。

シチリアは、古代ローマによる支配から長い年月が経た後、「新たにローマの支配下に墜ちた」。すなわち、イタリア王国に併合されたシチリアはローマの政府に支配された。シチリア人はありとあらゆる侵入者に支配されたが、イタリア政府は最悪で、それを上回るのがファシズム政府である、とカーネパは言う。

かれは、シチリアの大衆が日常的に抱いているファシズムへの不満を訴えている。それはシチリア人の反ファシズム感情を代弁するものであった。その一部を、少し長くなるが要約して、引用しておこう。

ムッソリーニさんよ、俺たち農民、羊飼いは愚か者ではないのだ！　大きな靴を履いているが、鋭敏な頭脳を持っているのだ（人は見かけによらぬのだ）！　黒シャツ姿の立派な御仁よ、シチリアがファシズム政府にどのような扱いを受けているか、よく見てくれ。半島部で汽車は電化されているが、シチリアはそうではない。半島部では汽車は複線だが、シチリアはまだ単線である。南京虫とシラミが溢れる、前世紀の汽車なんだ。泣かないとしたら、笑い飛ばすしかない汽車なんだ。

農村部の道はどこにある？　農場を移動するのに、俺たち農民は、一世紀も前に、ブルボン時代に作られた見事な馬車か、徒歩で移動するのだ。それなのに、ムッソリーニは、ネグス（エチオピア皇帝）が喜ぶように、われわれの金で四〇〇〇キロの道をエチオピアに建設したという。そして、今、戦争へとわれわれを引きずり込んでいる。なんで、日本人の、ドイツ人の戦争が重要なんだ？　シチリアにとって、ムッソリーニの戦争の何が重要なんだ？　シチリア人は英雄的であるが、戦争好きではない。勤勉で、平和的である。

ムッソリーニが望んだことだが、イタリアはアフリカ、ギリシア、ロシアで戦っている。すでに八万人のシチリア人が戦死するか、負傷している。かれらの血は、あの男の野望のために流されたのだ！

ムッソリーニはドイツ兵をシチリアに送り込んだ。かれらは豪華なホテル、立派な宮殿や別荘に住み、主人のように振る舞っている。かれらはわれわれのものをがつがつ食っている。酔っぱらって、シチリア人女性を凌辱している。われわれは、ドイツ人が何者であるか、（フェデリーコ二世の父で、ノルマン王家を滅亡させた）ハインリヒ六世の時から知っている。かれはパレルモの王宮から財宝を、一五〇頭のロバでドイツに運び出したのだ！　シチリアはドイツ人がいようといまいと、（連合軍による）空爆を受けている。

シチリアはファシストなんか支持していない。シチリアのどこでも、誰でも、ファシズムのイタリアからのシチリア分離は不可避であると考えている。「分離か死か」、これがわれわれのモットーである。

カーネパは、歴史家レンダによれば、イギリスの情報機関の秘密情報員であったといわれるが、それが事実であれば、シチリアの反ファシズム運動はイギリス側に筒抜けになっていたことであろう。

2 連合軍の上陸と独立運動

ハスキー作戦

シチリアは北アフリカ戦線に軍隊を送るイタリアの中継基地、ジブラルタルからスエズへと航行するイギリス艦隊を阻止する前線基地となった。しかし、軍事力を欠くイタリアはドイツに援軍を要請した。

北アフリカ戦線で枢軸国の敗色が濃厚となるにつれ、北アフリカを発った連合軍の爆撃機によるシチリアの都市への爆撃が激しくなった。シチリア人は恐怖と窮乏の生活に打ちひしがれ、人心は荒廃した。筆者は半世紀ほど前にはじめてパレルモを訪れた時、街中に数多くの崩壊した建物を見た。大都市パレルモに存在する不気味な廃墟について知人に聞いたところ、連合軍の空襲で破壊されたものという返事であった。一九七〇年代のことである。もちろん、今は新しく建て替えられている。

北アフリカ戦線における連合軍の枢軸国に対する勝利が確定的となった一九四三年一月、イギリス首相チャーチルとアメリカ大統領フランクリン・ローズヴェルトは、モロッコのカサブランカでシチリア上陸作戦に合意した。シチリアは、連合軍という新たな侵入者を迎えることになる。

ハスキー作戦と呼ばれる連合軍のシチリア上陸が始まるのは一九四三年七月一〇日である。北アフリカから雲霞のごとく押し寄せた連合軍艦隊は、「鉄の嵐」と呼ばれる激しい艦砲射撃をシチリアの上陸地点に行った。

パットン将軍率いるアメリカ第七軍団がジェーラとリカータの間に、モントゴメリー将軍率いるイ

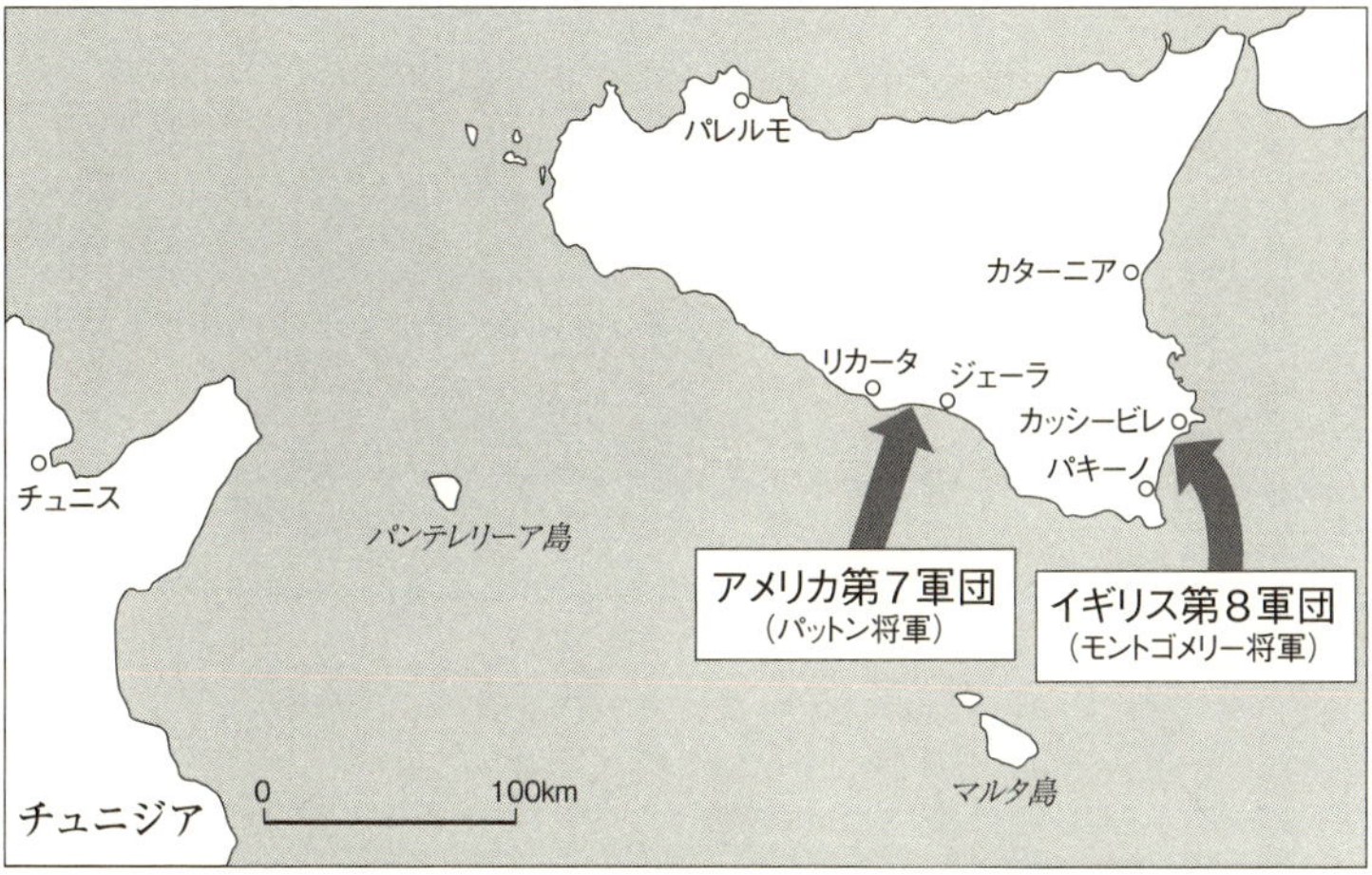

ハスキー作戦での連合軍のシチリア上陸地点

ギリス第八軍団がパキーノとカッシービレの間に上陸した。連合軍側の兵力は兵士・武器運搬用の船二七七五隻に加えて、上陸用舟艇一六〇〇隻、兵員四五万人であった。迎え撃つイタリア軍兵士三一万五〇〇〇人、ドイツ軍兵士九万人で、合せて四〇万五〇〇〇人であった。飛行機は連合軍が四〇〇〇機、イタリア・ドイツ軍が九〇〇機であった。

リカータで連合軍の上陸を目にした魚の行商人の驚きを、作家シャーシャは次のように記している。

一九四三年七月一〇日の夕方、一人の魚の行商人が戻ってきた。かれは、商品の魚を投げ捨て、朝方にリカータから徒歩で逃げ出し、時には軍用トラックに乗ってやっとのことで村にたどり着いた。広場に現れるや、目にしたこと、冒険談を語り始めた。海が船でびっしりと埋め尽くされていたことに、ショックを受けているようだった。通る人ごとに、見たこともない、想像できない、信じられないほどのたくさんの船について、恍惚状態で話し続けた。「コルヌート（罵り言葉で、妻を寝取られた男）、どうやれば勝てるのだ」と叫んだ。近寄ってきた村のファシストの幹部にも、「コルヌート、どうやれば勝てるのだ」と言った。かれは行商人を黙らせる仕草をしたが、それに気づかず、気にすることもなかった。いまや見てしまったから、このコルヌートに勝つことはないことがはっきりとわかっていた。

連合軍にとって、ハスキー作戦は「散歩」のようなものであった。アメリカ軍はパレルモに無血入城した。イギリス軍はシチリア東部でドイツ軍と戦い、八月にカターニアを占領し、ドイツ軍はイタリア本土に退却した。連合軍は上陸から三八日でシチリアを完全に支配した。

アメリカ軍を歓迎するシチリア人

シチリアは連合軍によって解放された、ヨーロッパで最初の土地であった。シチリアのファシズム支配は抵抗らしい抵抗もなく突然に終わった。シチリアには、北イタリアのようにナチ・ファシズム軍に武器を持って戦う勢力は存在していなかった。地下活動を続けていた少数の共産党員が、ファシスト指導者が逃亡した事務所を占拠する程度であった。

ムッソリーニの独裁に耐えてきたシチリア人は、ファシズムへの殉教を拒否し、連合軍に刃向かうことなく、恭順の態度を示した。破局的な状況で、生存的な危機にあったシチリア人は絶望の淵で、連合軍に光を見出したのである。

アメリカ軍兵士の一五パーセントが、移民でアメリカにわたり、アメリカ国籍をとった、イタリア系アメリカ人であった。かれらが押し寄せたシチリア人の群衆のなかに祖父や祖母、叔母や叔父を見出し、抱き合う感動的な光景が見られた。

その時、大学生であったシチリア人歴史家マッシモ・ガンチは、連合軍のシチリア上陸を、八二七年六月一六日のイスラーム教徒によるシチリア侵入に例えている。シチリアに駐屯するドイツの「ゲーリング」部隊はビザンツ守備軍に、イタリアからの分離・独立を望むシチリアの貴族階層はビザンツ帝国からの分離をメッシーナで宣言したエウフェミオスである。

躍り出たシチリア独立運動

連合軍のシチリア上陸と同時に、一九四三年七月一〇日早朝、空襲で破壊されたパレルモの通りの壁に、「シチリア独立のための委員会」の宣言文が張り出された。

シチリア人民は、ヴィットーリオ・エマヌエーレ三世と、その後継者によるサヴォイア家の君主制がシチリアで失墜したことを宣言し、シチリアが共和制による独立した主権国家を樹立するために、連合軍政府にシチリア臨時政府の設立を承認するよう求める。

宣言文は次のように続いている。「北部イタリアの疾患」であるファシズムによって、「イタリアの統一は粉々に打ち砕かれたが、それはわれわれの責任ではない」。シチリアは「ペテン師のローマ政府の食い物にされた」。シチリアは「三〇〇〇年の歴史で新しい局面」に入った。

最後は、シチリア人の長年の夢であった一つの国家を主張する歴史的権利について、次のように結んでいる。

共和制による自由で独立した新しいシチリア国は、内外のあらゆる暴虐に抗する戦いの象徴であり、晩禱《ばんとう》事件の誉れ高い旗を掲げたシチリア人の朽ちることのない意志であるがゆえに、立ち上がらねばならないし、決起するであろう。

独立運動の指導者フィノッキアーロ・アプリーレ

シチリア独立運動の中心人物がアンドレーア・フィノッキアーロ・アプリーレである。かれは、ガリバルディとともにパレルモに入城した父をもち、ニッティ内閣の財務次官を務めた経歴をもつ自由主義者であった。

マッテオッティ事件後に政界から身を引き、ローマで弁護士をしていたフィノッキアーロ・アプリーレは、個人的なパイプを通じてイギリスと接触し、独立運動の支持を工作している。

ローマからシチリアに戻ったフィノッキアーロ・アプリーレは、「シチリア独立のための委員会」を一九四二年九月にパレルモで結成した。それに加わった主要人物の一人が、大土地所有者の貴族であるタスカである。かれは、ムッソリーニの大土地所有地への強権的な入植政策に反発し、また、共産主義勢力の伸張を恐れて、イタリアから分離してシチリアを守ろうと考えていた。

シチリア独立運動は、歴史家レンダによれば、ファシズム体制の危機から生まれた「庶子であり、嫡出子であった」。庶子はイタリアに統合されたことに不満を抱きシチリア主義を主張したもの、嫡出子はファシズム支持から反ファシズムに変節したものを指しているのであろう。

ファシズム体制の崩壊

イタリア本土では、ムッソリーニの解任、逮捕、ファシスト党の解体、ファシズム体制とサヴォイア王家の分離、休戦協定と、急激な展開を見ていた。シチリアは、その変化とは無関係な、イタリアで唯一の地域であった。

イギリス軍がシチリア東部でナチ・ファシズム軍と戦っていた七月二五日、ファシズム大評議会は国王ヴィットーリオ・エマヌエーレ三世に全権委譲し、国王はピエトロ・バドリオを首相に任命し、ムッソリーニを逮捕した。

バドリオ政府はシラクーサに近いカッシービレで連合軍と休戦協定を締結した。降伏したイタリアにドイツ軍が侵攻した。バドリオ政府は、ヴィットーリオ・エマヌエーレ三世とともに、ローマを脱出して、南イタリアのブリンディシに逃避し、連合軍の保護下に入った。

フィノッキアーロ・アプリーレ

イタリア半島は、サレルノを境に南を連合軍が、北・中部をドイツ軍が占領した。国民解放委員会はナチ・ファシズム軍に対するレジスタンス闘争を指導し、ファシストと反ファシストの祖国をめぐる内乱となり、兄弟殺しの戦いが始まった。ドイツに救出されたムッソリーニはイタリア社会共和国、いわゆるサロ共和国を樹立した。

シチリア独立支持のデモ行進

連合軍政府に対する独立運動の働きかけ

連合軍がパレルモに入城した翌日、「シチリア独立のための委員会」の代表は、連合軍の民政担当官で、イタリア系アメリカ人のチャールズ・ポレッティ大佐に、連合軍大本営最高司令官ハロルド・アレグザンダー宛の請願書を渡している。パレルモのグラムシ研究所に保管されているフィノッキアーロ・アプリーレ署名の請願書の写しは、まず「シチリア独立のための委員会」の反ファシズムの立場を次のように展開している。

シチリアは、ヒトラーに屈従し、かれの際限ない野望をかなえるためにシチリア人を裏切ったムッソリーニの独裁に、常に、決然と敵対してきた。シチリアの暗くて、厳しく、長い歴史のなかでも、ファシストによる抑圧ほど非道なものは経験しなかった。

請願書は、アメリカ大統領ローズヴェルトとイギリスの首相チャーチルに感謝の意を表した上で、シチリア人が自ら支配する共和国の政治プログラムを提示している。それは、臨時政府の設立、女性も参加する普通選挙、二院制の議会、出版・言論・結社・宗教の自由の他に、「シチリア国民の活力であり、シチリア国家の存在理由である農民階層」のための大土地所有制の改革などである。

連合軍政府の冷淡

フィノッキアーロ・アプリーレは、ファシズム体制崩壊後の政治空白を、シチリア独立を一気に実現する好機と考え、一九四三年夏から連合軍と交渉を重ねている。しかし、連合軍の返答はなかった。

連合軍の目的は明確であった。それは連合軍最高司令官のアイゼンハワー将軍が、アメリカとイギリスの政府の名において出した、一九四三年七月の声明「イタリア国民へ」に示されていた。

連合軍はイタリアの国土を占領しつつある。われわれはイタリア国民の敵ではないが、ヨーロッパを支配するドイツ軍の破壊を目的とする戦争にイタリアが巻き込まれることは避けがたい。連合軍の目的はイタリア国民を戦争に引き入れたファシズム体制から解放し、それが達成されれば、イタリアを自由な国民に返還することである。連合軍はイタリア国民の法律や伝統的な慣習を変え、傷つける意思はない。

このメッセージは、連合軍がイタリアを領土的・政治的統一体としてとらえ、シチリアをイタリアから分離して、独立国家とする意思のないことを明確に示している。

フィノッキアーロ・アプリーレは容易に引き下がらなかった。かれは、シチリアの連合軍政府の民政長官で、旧知のイギリス人フランシス・ジェームズ・レネル将軍に、シチリア臨時政府の樹立を要請した。その返答は、独立主義者の政治活動を「絶対に承認できない」というものであった。

フィノッキアーロ・アプリーレはチャーチルにまで直訴状を送り、シチリア独立は「イタリアを共産主義勢力の不可避的な蔓延」から守るものであると述べている。もちろん、チャーチルはこれに答えることはなかった。

連合軍政府と独立運動の関係について、アメリカの戦略諜報局の報告には次のように記されている。

リソルジメントに歴史的根源をもつシチリアの分離主義的傾向は、前世紀の最後の時代に完全に消滅し、埋葬された死者であり、両大戦間には忘れ去られたものとみなされていた。分離主義運動はファシズム体制末期に、とりわけ漠然とした不満として蘇った。

分離主義者はファシズム体制から決定的に決別し、連合軍占領の数ヵ月間に運動を起こした。分離主義の指導者は、かれらの社会的地位、資金、外交における広範な個人的ネットワークによって、連合軍占領以前にアングロサクソン世界と接触していた。

かれらはファシズムの崩壊を準備したものとして登場し、占領軍の信頼を得ることになる。政治経済の秩序を早急に立て直さねばならなかった占領軍政府によって、かれらは協力者として優先的に受け入れられた。

分離主義者は、自らの目的を実現するために、「ボルシェヴィズムの脅威」からシチリアを防衛するという目的を提示したことにイギリスが関心を示していたこともあり、連合軍の支持を当てにした。

公式の記録には見られないが、歴史家ガンチによれば、連合軍政府指導者のなかにシチリアの独立に「好意的」で、「共感を隠そうとしなかった」ものがいたという。フィノッキアーロ・アプリーレはその人々に一縷の望みを託していたのかもしれない。

独立運動に対するイギリスの対応には、戦後のヨーロッパの政治地図にかかわる思惑が見え隠れしていた。チャーチルは、反共産主義の立場からイタリアで君主制を維持し、イギリスの地中海支配という戦略的な枠組みにシチリアを組み入れることを考えていたようである。

この戦略的判断に加えて、フランス革命・ナポレオン支配時代にシチリアがイギリスの保護下に置かれ、歴史的・経済的に深い関係を有していたこともあり、あわよくば、シチリアを植民地とする発想が、イギリスにはあったのかもしれない。もちろん、それは想像の域を出るものではないが、決してありえない話ではない。

ケンブリッジ大学の人類学教授で、連合軍政府教育部門の責任者であったロバート・ゲアは、シチリアとイギリスの歴史的な関係を意識していた。かれは、黒髪で浅黒い肌の地中海人とともに、イギリス人によく似た碧眼で、透き通った肌色の頑強な体格のノルマン人の末裔をシチリア人のなかに見出し、シチリアに共感を抱き、独立に好意的であった。ゲアは、フィノッキアーロ・アプリーレと面談した時（一九四四年一月五日）のことを次のように記している。

かれの話は説得的である。行動においても実際に強力であったら、この地（シチリア）は二四時間以上イタリアに留まっていることはないであろう。独立の意識が多くの場所に深く存在していることは疑いのないことであり、それがいかに強いものであるかということを見誤らないよう付言しておきたい。

しかし、ゲアのようなシチリア独立運動に共鳴するものがいたとしても、連合軍にとって、シチリアはあくまでもナチ・ファシズム勢力からヨーロッパを解放するための橋頭堡であり、イタリア半島を北上し、中部ヨーロッパに軍を進めるための前線基地であった。その軍事戦略は、シチリア上陸から一年後のノルマンディー上陸作戦によるヨーロッパの解放へとつながるものであった。

歴史家ニーコラ・トランファリアは、連合軍のシチリアにおける目的として、次の三点を挙げている。一番目は住民との良好な関係を保持しながら、秩序を維持すること、二番目は国際的な戦略のなかでイギリス・アメリカの利害と合致した信頼できる政治・社会機構を復元すること、三番目は左派勢力が過度な社会変革を行う前に、その勢力を抑えることであった。

3　マフィアの復活と戦後改革

マフィアの「利用価値」

連合軍のシチリア上陸と符合するように、ムッソリーニが息の根を止めたと公言していたマフィアが息を吹き返していた。連合軍の情報によれば、マフィアは機関銃、迫撃砲、地雷などの近代的な武器をエトナ山近くの井戸やブドウ酒貯蔵庫に隠していた。治安当局は「マフィアが多くのところで大胆な行動を取り始め、解決策に非常に苦慮している」と述べ、この事実は「今の、これからのシチリア、イタリアの政治を巻き込むことになろう」と警鐘をならしている。

マフィアが連合軍のシチリア上陸とともに蘇ったのには理由があった。それは、連合軍がシチリア上陸を容易にするために、露払い役としてマフィアを利用したことである。伝説の域を出るものではないが、次のような話がまことしやかに新聞やテレビに取り上げられてきた。

イタリア系アメリカ人で投獄されていたマフィアのサルヴァトーレ・ルチアーノ、通称ラッキー・ルチアーノは、アメリカ海軍将校ハフェンデンによって突然に釈放されてシチリアに戻り、アメリカの秘密情報員とともに連合軍のシチリア上陸を準備した、というものである。

ラッキー・ルチアーノの活動の真偽を確かめる術はないが、かれが突然に刑務所から釈放され、シチリアに現れ、戦後はシチリアでマフィアとして活動したことを考えれば、まったくのフィクションとは言い切れない。

この話が流布するには、それなりの背景があった。ノートやカルタニセッタでは司教が、カターニアでは著名な貴族が連合軍政府の交渉役となった。ヴィッラルバではマフィアのヴィッツィーニが連合軍に対応している。連合軍政府は、占領政策を円滑に進めるために、地方の支配者であるマフィアと接触したのである。

連合軍政府とすれば、ファシズムに弾圧され、息を潜めていたマフィアは、「反ファシスト」として、シチリア統治に利用価値がある存在であった。移民としてアメリカにわたり、片言の英語を話せるようになっていたものが通訳としてシチリアに戻ってきていたが、そのなかに、マフィアの一員、あるいはマフィアの影響下にあるものがいたとしても決して不思議ではない。連合軍の通訳となったマフィアとして知られるのはヴィート・ジェノヴェーゼである。かれは、アメリカ・マフィアとして活動し、イタリアに戻っていたが、ナーポリに近いノーラの連合軍司令部で通訳として働いている。

シチリア出身の通訳は、地方の政治に精通し、政治力のあるマフィアを市長などに推薦した。連合軍によって市長に任命され、政治権力を取り戻したマフィアの例は、とくにシチリア西部で多い。その最も代表的な例が、連合軍がヴィッラルバを訪れた数日後に、市長に任命されたヴィッツィーニである。大地主の貴族であるタスカもパレルモ市長に任命された。この二人とも独立運動の中心人物である。

アメリカ情報機関のスコッテン大尉も、連合軍政府がマフィアの復活に手を貸してしまい、「深刻な事態を招いた」ことを認識していた。マフィアは連合軍政府の配給物資を組織的に日常的に、公然と強奪し、闇市で売りさばいていた。農村部では、収穫された穀物を公設の備蓄倉庫に保管せずに、マフィアが隠匿し、価格操作を行い、暴利をむさぼり始めていた。

シチリア独立運動とマフィア

アメリカの戦略諜報局の一九四三年末から一九四四年初頭にかけての極秘報告に、「マフィアは今はシチリアの独立運動と確実に結合していると想定される」と記されている。それをもう少し見てみよう。

独立運動は、相互に共通の利害関係を持ち、依存関係にある大土地所有者とマフィアのグループから主として構成されている。かれらの政治的結合の理由はさまざまであるが、そのことはいかなる議論も必要としないほど明白である。シチリア人の目には、連合軍政府が独立主義者の友人（マフィア）に囲まれ、独立主義者あるいはその同調者を公職に任命しているように見える。その例が、パレルモ県知事、県議会の多数の議員、パレルモ市長などである。この地域で連合軍政府が任命したものの少なくとも八〇パーセントはこの種の人々である。連合軍政府は、面倒な状況をつくりだした。

シチリア独立運動の指導者とマフィアの出会いについて、サルヴァトーレ・ニコロージが書いた『イタリアに抗するシチリア』のなかに、映画の一シーンのような記述がある。どこまで史実か定かでないが、それを紹介しておこう。

パレルモの高級リゾート地モンデッロにあるパレルモ市長タスカの別荘に、一九四三年一二月六日、独立運動に関係する四〇人近い人物が集まり、「反イタリアの最初の計画」を討議した。

ノルマン系の貴族キアラモンテ家の血を引くタスカ伯爵は、シチリアの大土地所有者の組織である「シチリア農業者協会」の代表であり、連合軍からパレルモ市長を任命されていた。タスカは、警察幹部の証言によれば、マフィアのボスであった。かれは、シチリア独立という「高邁な」運動のために、マフィアや山賊など社会の屑でも利用することを厭わないと公言していた。

出席者のなかには、もちろん独立運動の指導者フィノッキアーロ・アプリーレがいた。シチリア各地から集まった参加者の多くははじめて顔を合わせる仲であった。そのなかに、ひときわ人目を引く、タスカと同様にサングラスをかけ、腰にピストルを携えた恰幅の良い老人がいた。かれはソファーを勧められると、「座ると、おなかがきつい」と断って、小さなテーブルに腰を下ろした。誰もかれのことを知らなかった。

かれは、「名誉ある社会」で知られたマフィアのボス、カロジェーロ・ヴィッツィーニであった。

かれは参加者のなかで最長老の七六歳であった。ちなみに、タスカは六八歳、フィノッキアーロ・アプリーレは六五歳であった。

ヴィッツィーニはカルタニセッタの独立運動の代表として参加していた。重苦しい雰囲気のなかで口火を切るものもなく、沈黙が続いたが、参加者の一人で独立運動の左派であった弁護士のアントーニオ・ヴァルヴァーロが話の口火を切った。

カルタニセッタでは独立運動への参加者が一〇名で、どうするのですか、ここにヴィッツィーニ氏はおられないのですか。

マフィアの名誉ある人物としてドン・カーロと呼ばれていたヴィッツィーニは不快感と忍耐の間を揺れ動くように、次のように返答して、参加者の度肝を抜いた。

おのおの方、参加者の数は心配ご無用です。必要となれば、私が火をつけますよ。一時間たてば県の労働会議所のすべてが焼けてしまいます。それが私の与える証です。

それは、農民運動の指導者を暴力で恐怖に陥れて、従わせるマフィアの常套手段であった。ヴィッツィーニは、典型的な農村マフィアの経歴を備えていた。父親は農民で、兄弟二人は司祭で、その一人は司教になっている。学校にも通わず、ほとんど読み書きができなかったかれは、羊などの家畜窃盗と密売を行う一方で、農地管理人として農民の要求から地主を守る仲介的な役割を果たしていた。

かれはファシズムのローマ進軍に資金援助を行ったといわれるが、モーリ知事のマフィア掃討によって、シエナの近くの村に強制指定居住させられた。一九三七年にヴィッラルバに戻ったヴィッツィーニは連合軍から市長に任命され、独立運動にも参加した。

シチリアの行政権がバドリオ政府に移管され、独立運動が衰退すると、ヴィッツィーニは新しい政治勢力であるキリスト教民主党への支持にまわった。かれは、ラッキー・ルチアーノとともにパレルモに菓子工場を設立し、製品をアメリカなどに輸出することになる。

独立運動参加者の社会構成

シチリア独立運動の指導者はシチリア社会の氷山の一角のようなものであった。貴族・政治家などを氷山の一角とすれば、水に沈んだ表面からは見えない多様な社会階層の人々が参加していた。

一九四四年頃に約五〇万人が参加していたといわれるシチリア独立運動の上層部の社会構成を、アメリカの戦略諜報局は、次の四つのカテゴリーに分類している。第一はシチリアの古くからの支配階層で、莫大な遺産を相続した貴族たち。第二は生まれは農民であるが、財を成して大土地所有者となったもの。第三はマフィアのボスや中堅幹部たち。第四は医者・弁護士・公証人など専門職者、「独立を実現し、後進的なシチリアのリーダー」になることを目指す政治家たちである。

独立運動の指導者は「保守主義者というより反動的な人物であった」。かれらは「いかなる技術的・社会的革新にもつねに反対し、民衆のあらゆる形態の文化的・経済的進歩を阻害した」。かれらは、民衆の選挙権を制限するために普通選挙や義務教育に反対した。農村の伝統的習慣を放棄することを、社会的腐敗、退化の象徴とみなした。

表面から見えない水に沈んだ氷山の大きな部分は、貴族階層に経済的・社会的に依存するマージナルな集団である。かれらは明確な政治信念というよりは、シチリアを搾取し、放置したイタリアに怨念を抱き、独立運動を支持して、激情的に行動した。かれらはイタリアからの独立によってシチリアの貧困と搾取に終止符を打つことができると信じていた。

既存の政党に所属しながら、漠然と独立運動に共鳴し、それを政治的な分離ではなく、行政的な自治という意味で理解する人々もいた。そのなかには、弁護士・公証人・医者といった専門職者や、「祖国シチリアを愛する」聖職者がいた。

独立運動は、組織として政治宣伝や積極的な勧誘活動をすることはなく、他の政党との接触を拒否し、秘密の活動と陰謀という古くからの手法に終始していた。独立主義者のなかには、民衆の支持を得て政党の基盤を作ろうと考えるものもいたが、その方針は保守的な指導者の警戒心を招いた。それだけに、独立運動は大衆的な広い基盤をもたなかった。

戦略諜報局の報告は、独立運動参加者を一律に「反ファシストや民主主義者と見なすことは誤りであり、判断を誤ることになる」として、基本的には反民主主義であり、ファシズムと変わりはない、と述べている。

バドリオ政府への施政権移管

シチリアの施政権は、一九四四年二月、バドリオが首相を務めるイタリア王国政府に移管された。この決定は、独立運動指導者の連合軍に対する淡い期待を打ち砕いた。他方、シチリアの自治を要求していた諸政党の「自由戦線」に大きな展望を開かせることになる。

共産党・社会党・キリスト教民主党・行動党などから成る反ファシストの諸政党の代表者は、連合軍のパレルモ解放直後に、「自由戦線」（のちに国民解放委員会につながる）を結成し、イタリアの国家的統一を維持し、シチリアを自治州とすることを主張した。独立運動は、自治がシチリアをイタリアに帰属させるための罠であるとして、「自由戦線」と行動を共にすることはなかった。

施政権の移管が明らかになると、フィノッキアーロ・アプリーレは、シチリア全土の独立主義者を結集して、「シチリア独立運動中央委員会」を結成した。そこで採決された連合軍への要望（パレルモのグラムシ研究所に保管されているフィノッキアーロ・アプリーレ文書）は、次のようなものであった。

シチリアは、ファシズムの誕生と発展、（第二次世界大戦への）参戦の責任があるサヴォイア王家の君主制とバドリオ政府への移管に反対する。イタリアで続いているナチズムとの戦いに、シチリア人は裏切りものの王の旗の下で戦うことを拒否する。

窮地に追い込まれたフィノッキアーロ・アプリーレは、施政権移管が決定的となった一九四四年一月一六日、連合軍政府が発表した「シチリアは現在、イタリアの重要な地域」であるという言葉に皮肉を込めて「大変感謝する」と述べた上で、「しかし、そうではない、シチリアはイタリアの重要な地域ではない。シチリアは一つの民族、一つの国家となるのだ」と主張した。

続けて、かれは、施政権移管を連合軍が支配した「数ヵ月では理解できない、あまりに複雑なシチリア人の精神の根本的な無理解」によるもので、「シチリアは外国人がひと目で理解し、ましてや容易に支配することなどできないほど、あまりにも高尚で、秀でている」と語った。

さらに、「連合軍政府支配はシチリアの人心を混乱させただけである。チンパンジーが、音楽を演奏するロマからバイオリンを奪い、真似て演奏を試みた。だが、ギーギーと耳障りな音しか出せず、怒って、ストラディヴァーリのバイオリンを投げ捨て、粉々に打ち砕いた」と述べている。

高価なストラディヴァーリはシチリアで、それを粉々にこわしたチンパンジーは連合軍を指していることは、言うまでもない。

最後に、フィノッキアーロ・アプリーレは、次の三点を明言した。第一点は、バドリオ政府に対する不服従である。第二点は、シチリア人は「不誠実な裏切りものの国王の恥辱の旗のもとで」戦うことを拒否し、徴兵や召集にも応じないことである。第三点は税金の支払いを拒否することである。

政党「シチリア独立運動」の結成

独立運動は、孤立化を打破する意味もあったのであろうが、一九四四年春、政党「シチリア独立運動」を結成した。

「シチリア独立運動」はアグリジェント、ラグーザ、カターニア、パレルモ、カルタニセッタで活発であった。「シチリア独立運動」はシチリア東部では民主的・理念的な傾向を持っていたのに対して、シチリア西部では反動的で、犯罪組織とも連帯することになる。

一九四四年秋にタオルミーナで開催された政党「シチリア独立運動」の第一回大会で、フィノッキアーロ・アプリーレは、シチリア共和国の成立を宣言した。大会は、指導者の逮捕など国家による独立運動の弾圧に抗して武装闘争を決定し、「シチリア独立義勇軍」の結成を承認し、前述したアントーニオ・カーネパを司令官に任命した。

ちなみに、連合軍によるローマ解放（一九四四年六月）後にローマにもどったバドリオは、首相の座を国民解放委員会を基盤とするイヴァノエ・ボノーミに譲った。ボノーミ政府は、ドイツ軍との戦いのために、解体した軍隊を再組織し、シチリアの青年、一万五〇〇〇人に徴兵令を出した。

これに対して、「戦争には行かない」を意味するシチリア方言で「ヌン・スィ・パルテ」と呼ばれる暴動が、シチリアで起こった。

徴兵を拒否する青年が市庁舎や警察、軍管区に押し寄せた。カターニアでは軍隊との衝突で一人の大学生が死亡した。抗議運動はピアーナ・デッリ・アルバネージにも広がり、「農民共和国」が樹立され、一九四五年二月まで存続している。ラグーザでは、青年だけでなく、一般女性も参加していた。マリーア・オッキピンティは、徴兵された青年を乗せた軍隊の車両の前にあおむけに寝転んで、それを阻止しようとした。

一九四五年六月に成立したパッリ政府は、ボノーミ政府とは異なり、独立運動に厳しく対応した。フィノッキアーロ・アプリーレは、書記長のヴァルヴァーロとともに逮捕され、一九四六年三月までポンザ島に収監された。

「シチリア独立義勇軍」は、一九四五年六月一七日、カターニアに近いランダッツォ近郊で特殊警察のカラビニエーレ部隊と銃撃戦を交え、指揮官のカーネパは亡くなった。かれの墓は、カターニア出身の作家ヴェルガの墓に近いところにある。

そのころ、北イタリアではナチ・ファシズムとのパルチザン闘争を展開していた国民解放委員会が一斉蜂起し、連合軍の到着を待たずに自力解放に成功した。そのことが、「シチリア独立義勇軍」の武装闘争に影響したことが考えられる。また、独立運動の保守勢力は、山賊集団を率いるサルヴァトーレ・ジュリアーノを「シチリア独立義勇軍」の大佐に任命した。かれは、後述するポルテッラ・デッラ・ジネストラ事件を起こすことになる。

ヴィットーリオ・エマヌエーレ三世は一九四六年五月に退位し、皇太子ウンベルト二世が王位についた。ウンベルト二世は勅令によって、シチリアに自治特別憲法を発布した。その憲法は、自由主義者から共産主義者を含む反ファシズムの政党からなるシチリア州評議会で承認された。

制憲議会の選挙と、君主制か共和制かを問う国民投票が一九四六年六月に同時に行われた。イタリアは君主制を否定して、共和制を選択した。国民投票では、北部・中部イタリアが共和制を支持したのに対して、シチリアでは南イタリアとともに君主制支持が多数を占めた。

制憲議会選挙では、「シチリア独立運動」はフィノッキアーロ・アプリーレを含めて、四名が当選した。「シチリア独立運動」への投票率はイタリア全土で〇・七パーセント、シチリアで八・七パーセントであった。

一九四七年四月に行われたシチリア州議会選挙では、共産党・社会党の人民ブロックが二九議席を得たのに対して、キリスト教民主党は二一議席、「シチリア独立運動」は一年前の制憲議会選挙とほぼ同じく八・八パーセントの得票率で、九名が当選した。

ポルテッラ・デッラ・ジネストラ事件

州議会選挙における人民ブロックの勝利を祝って、一九四七年五月一日のメーデーに、ポルテッラ・デッラ・ジネストラに集まっていたピクニック気分の二〇〇〇人近い農民や労働者に向けて、集会を見下ろせる山頂から機関銃が一五分間にわたって火を噴き、一一名の死者が出た。

襲撃したのはシチリア独立義勇軍大佐ジュリアーノが率いる山賊集団であった。かれは、警察の報告によれば、マフィアと関係を持つ保守主義者に教唆をうけ、支配者階層に不利益をもたらす農民運動を潰すために利用された。そのジュリアーノも、邪魔者は消すというマフィアが用いる手法で、暗殺された。

ポルテッラ・デッラ・ジネストラ事件の背景には、共産党の勢力拡大を阻止しようとする当時の内務大臣マーリオ・シェルバの存在が指摘されたが、真相は明らかにされないまま終わった。ポルテッラ・デッラ・ジネストラ事件について、詳しくは拙著『シチリア・マフィアの世界』(講談社学術文庫、二〇〇九年)を参照いただきたい。ジュリアーノの暗殺については、フランチェスコ・ロージ監督の映画『シシリーの黒い霧』が参考となろう。

犯罪集団を使って農民の要求を抑え込み、共産党の伸張を阻止しようとする反動化した「シチリア独立運動」は、一気に支持を失い、一九五一年の州議会選挙では完全に敗北した。それに続くフィノッキアーロ・アプリーレの委員長辞任によって、「シチリア独立運動」は解党し、政治の舞台から姿を消すことになる。

シチリアの戦後改革

一九四四年末にシチリアは自治州となっていた。自治を定めたシチリア州憲法は、一九四八年二月にイタリア共和国憲法と調整された。現在、シチリアは特別自治州である。なお、歴史的・文化的・経済的な違いを考慮した特別自治州はイタリアに五つある。シチリア、サルデーニャのほかは、いずれも北部国境に接したトレンティーノ＝アルト・アディジェ、ヴァッレ・ダオスタ、フリウリ＝ヴェネツィア・ジューリアである。

特別自治州は一定の分野における立法権が認められ、国税のうち付加価値税を除いた税収配分を受ける権利を有している。しかし、特別自治州として付与された大幅な自治権を、シチリアは使いこなせなかった、自治州となったことは失敗であったという指摘も少なからずある。

イタリアの最大の戦後改革は農地改革である。共産党書記長パルミロ・トリアッティは、一九四四年九月に「シチリア人民は、自由を渇望し、農地に飢えている」と述べている。バドリオ政権で農業大臣をつとめた共産党のファウスト・グッロが作成した農地改革は、大土地所有制を解体し、農民に農地を分与して、小農経営者とすることの他に、農業契約の改正、共有地の分割などであった。

シチリアを含む南イタリアの経済的後進性を解決するために、南部開発公庫が設立された。財務大臣の名前をとってヴァノーニ計画と呼ばれる南部開発計画が一九五五〜六四年に実行された。それに投じられたのは、マーシャルプランなど連合国の支援により、北イタリアを中心とする奇跡の経済復興で得られた資金であった。国家主導による南イタリアの経済改革が行われ、工業化には欠かせない高速道路など、インフラが整備された。シチリアでも、多額の資金を投入して、高速道路網が張り巡らされた。だが、高速道路を走る車はきわめて少ない。それを「無用の長物」と呼ぶものさえいる。

たしかに、国家の公共投資は南部経済の底上げには成功したが、シチリアと南イタリアの貧困層が求めていた、非専門職者の雇用を生み出さなかった。その労働力を吸収したのは、北イタリアの企業であった。北イタリアのトリーノ、ミラーノへ、南イタリアやシチリアからの労働力の移動が起こる。それは南から北への国内移民であった。

一九六〇年に公開されたヴィスコンティ監督の映画『若者のすべて』（原題は『ロッコとその兄弟』）

は、南イタリアの貧しい農村の青年が兄の働く、奇跡の経済復興で沸き立つミラーノ駅に大きな荷物をもって降り立つところから始まる。一九七〇年代前半のローマのテルミニ駅で、南イタリア、シチリアから到着する夜行列車から、不安いっぱいで、疲れた顔の、大きなカバンをもって降りてくる若者たちを目にしたことを、筆者は記憶している。

今、イタリアの豊かな地域であるロンバルディーアやヴェーネトでは、多額の公的資金がシチリアや南イタリアに投入され続けることを逆差別とし、自ら稼いだ富は自ら使うとして、北部イタリアの自治と分離を求める「同盟」が発言権を増し、政権の一角を占めている。

シチリアでは政治組織体としての独立運動は姿を消し、スペインのカタルーニャのような独立運動が起きることはないであろう。ただ、シチリア自治権の拡大を掲げる「シチリア独立運動」が二〇〇四年に再結成されているように、シチリア人の固有のアイデンティティが意識されていることも事実である。シチリア文化の独自性、シチリア人のアイデンティティにかかわるシチリア性、あるいはシチリトゥーディネ（後述）という言説について、いまも議論が続いている。

終章

「シチリア人」の自画像

地理的環境や歴史が文化的・民族的アイデンティティ形成の重要な要素であることは、言を俟《ま》たない。地中海を路として、古くから絶えることなく侵入したあまたのよそ者による支配に、ロバのようにしぶとく生き抜いたシチリア人の、固有のメンタリティとはどのようなものであろうか。

ステレオタイプ化されたシチリア人のイメージは、暗く、閉鎖的で、よそ者によそよそしいというものである。イタリアでは、初対面の人と話をするときに、「どちらのご出身ですか」という言葉で始まるのが一般的である。返答が「シチリアです」であった場合、とくに北イタリアでは、一歩引くか、対応に慎重になる人が少なくない。

シチリア人の特徴は「島国性」とともに、「火の雪が降る」と表現される夏の堪えがたい自然環境によって形成された。シチリア人は、よそ者の侵入と、過酷な自然環境から生まれた生命にたいする本能的な恐怖感を抱いている。その一方で、自らを完璧であると信じる優越感が存在している。恐怖感と優越感が複雑に交錯するシチリア人を理解するのは決して容易なことではない。

海を拒絶するシチリア人

シチリア人は自らをどう認識しているのか。かれらが描く自画像とはどのようなものか。シチリアを代表する作家・歴史家の言説を見てみよう。

作家シャーシャは、五歳の時に初めて海を見たが、「好きになれなかったし、いまも同じである。シチリア人も、海で生活している漁民も、海は好きではない」という。「よそ者が侵入し、移民が出ていくだけの海」を、シチリア人が「どうして好きになれようか」と、かれは海を拒絶している。よそ者がもたらした文明については、『山猫』の著者ジュゼッペ・トマージ・ディ・ランペドゥーザは次のようにいう。どこからともなく現れたよそ者は、「武器を手に上陸し、たちまちシチリアを征服するが、すぐに嫌われ」、追い出された。自分たちが建てたものではないにもかかわらず、シチリア人のかたわらに、「過去の、壮麗だが、われわれには理解の及ばぬ記念物」が、「黙した美しい亡霊のように」立っている。

イタリアに報われないシチリア

シチリア出身の著名な中世史家デ・ステーファノは、一九六一年四月に開催されたイタリア統一一〇〇周年を記念する国際歴史会議で、いささか場違いな印象を与える、開会演説を主催者として行っている。

デ・ステーファノは、シチリアにおけるイタリアニタ（イタリア性）の感情の表現は中世にまで遡ることができる、という。その一つの例として、「シチリアの晩禱《ばんとう》」の時期に、シチリア人はアンジュー家の兵士を捕えると、かれらがトスカーナ人、ローマ人であれば、イタリア人と見なして直ちに解放したことを挙げる。デ・ステーファノは、このことはシチリア人の「疑いなく自覚的なイタリア性」である、という。さらに、サヴォイア家はユトレヒト条約でサヴォイア公国からシチリア王国の国王となったが、それはサルデーニャ王国の国王になる前のことであったことを喚起している。

このような例を挙げた上で、デ・ステーファノは「イタリアとシチリアの関係は緊密であったという以上に、生来のものであったといえる。中世から今日にいたるまで、シチリアはつねにこのイタリア性の環境のなかで生きてきた」、と断言している。

しかし、シチリアは、そのイタリア性によって、イタリア王国の樹立に貢献したにもかかわらず、今もって、それが「公認されているわけではない」。シチリアは、イタリア王国の樹立という「偉業に深くかかわった重要な協力者としてではなく、後進地として、ほとんど植民地として扱われた」。「シチリア人はしばしば劣等人種と見なされた」。

生活費を稼ぐために移民として外国に出たシチリア人の送金によって、イタリア国家の収支バランスを取ってきたのに、それまで支払ったことのない高い税金を払わねばならなかった。シチリアの工業発展は国家が保護したイタリア本土の企業に阻害され、シチリアの農業は保護主義政策によって打撃を受けた。

デ・ステーファノの演説は、イタリア統一一〇〇周年記念を祝賀で終わらせないぞ、シチリア人として言うべきことは言わせてもらうという気迫さえ感じられる。それはシチリア人の誇りと、失望の感情を代弁するものであったのであろう。

シチリア人の歴史家たちの言説

イタリア近現代史の歴史家ロザリオ・ロメーオは、「シチリアの晩禱」事件は例外として、シチリア史が、つねによそ者を中心として語られてきたことについて、次のようにいう。

外国人を主役とする単純化されたシチリア史の描写は受け入れられない。ほとんどつねに、シチリア人の参加が、征服者の天賦の才がもたらしたものとは本質的に異なる、新しく、固有で、オリジナルな特徴を刻印した。時の経過において、生え抜きのシチリア人が獲得した成果を認めることは、決して虚栄心によるものではない。

ロメーオは、シチリア史はつねに、征服したものの歴史として語られてきたが、シチリア人が果たした役割、かれらが創りだした固有の制度の存在などを知る必要があることをいいたいのである。

歴史家レンダは、領土、単一の種族、「公権力」の歴史的・政治的な統一など、「シチリアには土着の民族的現象の生成に適した客観的な条件が存在」しており、そのいくつかは、「特別な、すなわち典型的にシチリア的なものである」という。

歴史家マッシモ・ガンチは、さらに踏み込んで、「わたしはシチリアを一つの民族と定義する。シチリアがつねに民族であったことを確信している。シチリア人は絶えることのない外国人の圧政に耐えねばならなかったというだけで、敗者ではなかった。シチリア人は、数千年を通じて自らのアイデンティティを保持し、外国人の文明をとり入れ、豊かにした」という意味で勝者だった、という。

もちろん、「シチリア民族」は存在しない。それが存在するとすれば、よそ者に支配された長い歴史のなかで、シチリア人が育んだ文化的・精神的・倫理的集合的意識に他ならない。

「矛盾する、極端な気質」

作家シャーシャは、「シチリア人はよそ者の侵入を絶えず経験したにもかかわらず、かれらの支配に順応せず、シチリア人としてのアイデンティティを長い間にわたって保持し続けた」という。続けて、かれは、シチリアに「住む人々の矛盾する、極端な気質」ゆえに、「シチリアは理解が難しい、統治が困難な土地であった」ともいう。フィノッキアーロ・アプリーレも、前述したように、シチリアを「ひと目で理解し、ましてや容易に支配することなどできないほど、あまりにも高尚で、秀でている」として、ストラディヴァーリに例えている。

では、シチリア人の「矛盾する、極端な気質」とは何か。かのキケローは、前一世紀に、シチリア人は「賢いが、疑い深い」(genus acutum sed suspiciosum)と評した上で、「ローマ人の特徴である秩序意識、質素、倹約、勤勉、忍耐力がシチリア人に広く見られる徳であり、ギリシア人とは異なっている」と述べている。

時を経て、一六世紀後半に、副王としてシチリアに赴任するマルコ・アントーニオ・コロンナに、あるメッシーナ人がシチリア人の気質を説いている。それは、キケローの指摘よりも具体的である。少し長くなるが、それを紹介してみよう。

シチリア人は一般に、用心深いというより狡猾であり、誠実というよりは機を見るに敏である。かれらは新しいものを好み、好戦的で、人におもねる。支配者の行動を鋭く批判する嫉妬深い性質から、自分たちの言うことのすべてを容易に実現でき、支配者の地位にあるかのようにふるまう。他方、正義に忠実で、国王に忠誠を尽くし、つねに国王を助ける用意がある。かれらはよそ者に親切で、友情を結ぶのにきわめて積極的である。シチリア人の本性は小心で、臆病であるが、非常に向こう見ずである。かれらは自分たちの利益に関わる仕事に関しては小心で、有利であると思えば誰であれ従う。しかし、公的なことがらになると、信じられないほど無謀で、まったく別人のように振る舞う。

この指摘には、シャーシャがいう「矛盾する、極端な気質」が網羅されており、その一部は、今やシチリア人のステレオタイプ化された特質として流布している。

島国性と優越感

シチリア人の気質、行動規範、メンタリティを包括的に示す言葉として、シチリトゥーディネ（sicilitudine）が使用されている。シチリトゥーディネは、シチリア出身の画家で詩人のクレシェンツィオ・カーネが、移民先で孤立し、郷愁にかられるシチリア人の、イタリアの無策に対する怒り、抗議を示す言葉として使用した。

シチリトゥーディネは、歴史家マリーノによれば、特にイタリア統一後のシチリア主義で、シチリアの「欲求が満たされない不満、優越感、軽んじられた劣等感の間で揺れ動く告発と弁護」の感情である。

他方、シャーシャによれば、シチリトゥーディネは、いつなんどき、よそ者が侵入するかわからない「不確実性」（insicurezza）のなかで生きてきたシチリア人が身につけた特別な資質である「島国性」（insularita）に起因している。

シチリア人は、つねに生命と財産が危険にさらされ、死に対する「恐怖」に苛《さいな》まれてきた。それは、侵入や侵略を繰り返すよそ者、金品を強奪し、婦女子を誘拐する海賊だけではなく、飢饉や地震などの自然災害をも含む「不確実性」でもあった。その「不確実性」こそが、「恐怖、不安、警戒心、内に秘めた激情、暴力、ペシミズム、宿命論」など、シチリア人の集合的心性をつくりだした。シャーシャは「不確実性をシチリア史の第一の要素」という。

シャーシャ以前にシチリア人の「島国性」について指摘したのがランペドゥーザである。かれは、『山猫』のなかで、「島国性」にかかわるシチリア人の特質を、サリーナ公爵を上院議員へ推挙するために訪れた使者シュヴァレイに、その申し出を婉曲に断る箇所で見事なまでに描いている。

シチリアはイスラーム教のような異なる宗教の、シチリア語を解しない支配者の植民地であった。もたらされたのはすべて完成した外来の文明で、どれ一つとしてシチリアの地に芽生えたものではなかった。よそ者の支配にシチリア人は疲れ果て、完全に気力をそがれてしまった。

このような前置きの後に、サリーナ公爵は「外的な宿命とおそるべき島国性」から醸成されたシチリア人の特質について語っている。

自分たち（シチリア人）が完璧であると信じているという単純な理由から、決して改善をのぞまないのです。シチリア人の自惚れはかれらの不幸よりははるかに強いのです。あらゆるよそ者の介入は、完璧であるという妄想を打ち砕き、（中略）かき乱す恐れがあると、シチリア人には映るのです。あまたのよそ者に踏みにじられながらも、自分たちは光り輝く過去を有し、それに盛大な弔いをする権利があると信じているのです。（中略）

自分たちが完璧であると思い込んでいる者が、どうして他人の言葉に耳をかさねばならないのかというわけです。（中略）シチリア人の目に煌めくあの優越感にあるのです。私たちはそれを自尊心と呼んでいますが、実際は、ものが見えないだけの話です。（前掲脇功・武谷なおみ訳を参考に、筆者訳）

歴史的に育まれた「島国性」は、閉鎖的で、偏狭で、視野が狭いにもかかわらず、内的に求心性が強く、シチリア人の間で抑制と規律を尊ぶ精神的風土をつくりだした。

シュヴァレイを送る道すがら、サリーナ公爵は次のように自答している。「われわれは山猫であり、ライオンだった。われわれにとって代わるのはジャッカルやハイエナであろう。山猫であれ、ジャッカルであれ、羊であれ、われわれは地の塩を信じ続けるであろう」。

『山猫』のなかではマフィアという言葉は一度も使用されていないが、そこではジャッカルやハイエナに象徴されるマフィアの台頭と、シチリアの歴史的な支配者であった貴族の社会的凋落が暗示されている。地の塩（マタイ福音書五章にある「汝は塩なり。……汝らは世の光なり」から。塩が食物の腐るのを防ぐことから、少数派であっても批判的精神をもって生きる人にたとえていう語）は、ランペドゥーザが『山猫』の執筆中に実際に目にしたにちがいないシチリア独立運動を暗示しているようである。

過酷な気候、歴史的な恐怖心

ランペドゥーザは、シチリア人の「島国性」に加えて、シチリアの気候風土が、「外国の支配や不当な虐待と同様に、いやそれ以上にシチリア人の精神形成に影響を与えている」という。

一年のうち六ヵ月にわたって四〇度の暑さで苦しめられるシチリアの「長くて憂鬱な夏」は、「ロシアの冬と同じで、それに抗おうとしても、どうにもならない」。まさに、「聖書にある呪われた町」のように、「火の雪が降る」といってもいいくらいである、とランペドゥーザはいう。

目の眩むような「太陽こそがシチリアの真の主である」。「強烈で、遠慮を知らぬ太陽、また麻酔剤のようでもある太陽は、個人の意志を無力にし、あらゆるものを、隷属的な沈滞のなかにとどめてきたのだった」。この描写は、アルベール・カミュ著の『異邦人』の主人公で、アラブ人を射殺した理由を、「太陽が眩しかったから」と述べたムルソーを彷彿とさせる。

残酷な気候に押しつぶされたようなシチリアの地は、光り輝く、圧倒するような地中海の海とは対照的に、「絶望を象徴するかのように荒涼とした」、救いようのない荒地である。水がなく、「人も獣も渇き死にそうである。一滴の水は一滴の汗で贖《あがな》うことになる」。雨が降ると「猛烈をきわめ」「涸れ川を怒り狂わせる」。それは、今でもシチリアを訪れるものに衝撃的な印象を与える、打ち棄てられたような非情な風景である。

よそ者の侵入を許してきた地理的環境、太陽に苛まれる荒涼と広がる大地が、シチリア人の気質を作ってきた。シチリア人に、内に閉じこもり、警戒して他者を受け入れない「歴史的な恐怖心」が根付いた。

シチリア人の狂気

シチリア人の属性は、「不確実性」、「脆弱性」(vulnerabilità)、「弱さ」(debolezza)の裏返しとして、過信、うぬぼれ、残忍性、高慢、尊大な態度となって現れる。『山猫』の主人公サリーナ公爵はその属性をシチリア的な「狂気」(follia)と述べている。シチリア文学のキーワードとして、「狂気」を最初に用いたのは、シチリア人の作家ルイージ・ピランデッロである。

かれは、戯曲『エンリーコ四世』(一九二二年。小林勝訳注、大学書林、一九八九年)で、落馬して、自らをエンリーコ四世と思い込む主人公の狂気を喜劇と悲劇の両面で描いた。狂気は、人間が存在の苦しみから逃避するために作りだした新しい考え方となった。エンリーコ四世は苦しみに満ち、汚辱にまみれた生活から自らを解放するために、自らの意志において狂気を選んだ。狂気は社会生活での異議申し立ての手段であった。

ピランデッロは、シチリア人の属性について、別の論考で次のように述べている。ほとんどのシチリア人は「生命に対する本能的な恐怖感」を抱いており、「自らのなかに閉じこもり、付き合いを拒否」している。かれらは、シチリア島を「取り囲む周りがすべて海」で、「外と切り離され」「無防備である」ために、「さらに内に閉じこもり、警戒する」。シチリア人は、それぞれがなわばりをつくり、そこで「ささやかな喜びを享受」し、「しばしば絶望に陥るが、苦悩に耐える」。

自らを完璧なものとみなす習性を身に付けたシチリア人は、よそ者の侵入にさらされ続ける宿命と、それに対する恐怖や苦しみから逃避するために狂気を装ったのか。今は、シャーシャの「シチリアは理解が難しい」という指摘を受け入れるしかないようである。

あとがき

本書の執筆を終えるにあたって心に浮かんだのが「而今《じこん》」という言葉である。禅の言葉で、今を、一瞬一瞬、大切に生きるという意味である。「この本が最後になるかもしれない」という思いが付きまとっているだけに、そのように感じるのかもしれない。そうであればこそ、これまでお世話になった、学恩のある方々に感謝の意を表しておかねばならない。

本書のテーマはかなり古くから温めていたものである。専門外の分野を多くカヴァーするテーマをまとめることが出来たのには、故竹内啓一先生のご紹介で一橋大学地中海研究会に加えていただいたことが大きい。エジプト近代史を研究される加藤博さん、ビザンツ史研究の大月康弘さんには、研究会や研究調査に参加することがなかったにもかかわらず、研究発表の機会を数多く与えていただいた。一橋大学の自由で、開かれた研究の場と、加藤・大月さんのように謙虚で、教養にあふれ、卓越した一流の研究者と親しくさせていただいたことに、深くお礼を申し上げたい。

本書の出版にあたって、今回もまた、講談社選書メチエ編集長園部雅一さんには、的確で厳しい、ご指摘を頂いた。編集を担当された学術図書編集チーム担当部長梶慎一郎さんには、構成から内容にいたるまで、多大なご指導を頂いた。有能なプロの編集者とのやり取りで、心地よい緊張感を、久方ぶりに経験することが出来た。これこそ、書き手にとって、本懐の至りである。お二人に深く御礼を申し上げたい。

本書が最後になるか——弱気になる老人の背中をいつも強く押して、勇気を与えてくれるのが姪の藤澤祥子さんである。彼女は叔父に恥をかかせてはいけないと、いつも完璧に原稿をチェックしてくれる。本当にありがとう。

二〇一九年五月一六日

藤澤房俊

参考文献

邦文のシチリアに関連する参考書

エルンスト・H・カントーロヴィチ著『皇帝フリードリヒ二世』小林公訳　中央公論新社　二〇一一年
ジュゼッペ・クアトリーリオ『シチリアの千年――アラブからブルボンまで』真野義人訳解説　箕浦万里子訳　新評論　一九九七年
高山博『中世シチリア王国』講談社現代新書　一九九九年
高山博『神秘の中世王国――ヨーロッパ、ビザンツ、イスラム文化の十字路』東京大学出版会　一九九五年
ダンテ・アリギエーリ『神曲』全三巻　寿岳文章訳　集英社文庫　二〇〇三年
トゥーキュディデース『戦史』久保正彰訳　岩波文庫　下巻　一九六七年
トゥキュディデス『歴史1』藤縄謙三訳　京都大学学術出版会　二〇〇〇年
角田幸彦『キケロー伝の試み――キケローとその時代』北樹出版　二〇〇六年
キケロー『キケロー選集4』大西英文・谷栄一郎・西村重雄訳　岩波書店　二〇〇一年
陣内秀信『シチリア――〈南〉の再発見』淡交社　二〇〇二年
瀬谷幸男・狩野晃一編訳『シチリア派恋愛抒情詩選――中世イタリア詞華集』論創社　二〇一五年
土井正興『スパルタクス反乱論序説』法政大学出版局　一九六九年
ルイージ・ピランデッロ『エンリーコ四世』小林勝訳注　大学書林　一九八九年
藤澤房俊『シチリア・マフィアの世界』講談社学術文庫　二〇〇九年
ヤーコプ・ブルクハルト『イタリア・ルネサンスの文化』柴田治三郎訳　中央公論社　一九六六年
フェルナン・ブローデル『地中海世界』神沢栄三訳　みすず書房　二〇〇〇年
ブーシュラ・ラムゥニ・ベンヒーダ／ヨゥン・スラウィ『文明の交差路としての地中海世界』吉田敦訳　白水社　二〇

一六年
スティーブン・ランシマン『シチリアの晩禱——十三世紀後半の地中海世界の歴史』榊原勝・藤澤房俊訳　太陽出版　二〇〇二年
ジュゼッペ・トマージ・ディ・ランペドゥーザ『ランペドゥーザ全小説——附・スタンダール論』脇功・武谷なおみ訳　作品社　二〇一四年
トマージ・ディ・ランペドゥーサ『山猫』小林惺訳　岩波文庫　二〇〇八年
サルヴァトーレ・ルーポ『マフィアの歴史』北村暁夫訳　白水社　一九九七年
ジャン・ユレ『シチリアの歴史』幸田礼雅訳　白水社　二〇一三年

欧文のシチリア通史

Maurice Aymard e Giuseppe Giarrizzo（a cura di）, *Storia d'Italia, Le regioni, Dall'Unità a oggi, La Sicilia*, Torino, 1987.
Francesco Benigno e Giuseppe Giarrizzo（a cura di）, *Storia della Sicilia*, voll. 2, Roma-Bari, 2003.
Denis Mack Smith, *Storia della Sicilia medievale e moderna*, voll. 3, Roma-Bari, 1971.
Savo Di Matteo, *Storia della Sicilia dalla Preistoria ai nostri giorni*, voll. 2, Caltanissetta-Roma, 2016.
Moses I. Finley, Denis Mack Smith, Christopher J. H. Duggan, *Breve storia della Sicilia*, Roma-Bari, 1987.
Francesco Renda, *Storia della Sicilia dal 1860 al 1970*, voll. 3, Palermo, 1985.
Santi Correnti, *Storia di Sicilia come storia del popolo siciliano*, Milano, 1972.
A. Pecora, *Sicilia*, Torino, 1968.
Salvatore Francesco Romano, *Breve storia della Sicilia. Momenti e problemi della civiltà siciliana*, Torino, 1970.
Rosario Romeo（a cura di）*Storia della Sicilia*, Palermo, voll. 10, Napoli, 1981.

欧文の主要参考文献

Paolo Alatri, *Lotte politiche in Sicilia sotto il governo della Destra (1866-74)*, Torino, 1954.

Michele Amari, *La guerra del Vespro siciliano*, Firenze, 1851.

Cetty Bella, *Sicilia asburgica. Un'isola al centro dei conflitti europei*, Roma, 2014.

Francesco Brancato, *La dittatura garibaldina nel Mezzogiorno e in Sicilia*, Trapani, 1965.

Mariateresa Fumagalli Beonio Brocchieri, *Federico II. Ragione e fortuna*, Roma-Bari, 2004.

Giuseppe Galasso, *Sicilia in Italia. Per la storia culturale e sociale della Sicilia nell'Italia unità*, Roma, 1994.

Luigi Cattanei, *Leonardo Sciascia. Introduzione e guida allo studio dell'opera scisciana*, Firenze 1980.

Giulio Cattaneo, *Federico II di Svevia. Lo specchio del mondo*, Roma, 1992.

Santi Correnti, *Storia e folklore di Sicilia*, Milano, 1975.

Nino Cortese, *La prima rivoluzione separatista siciliana 1820-1821*, Napoli, 1951.

Alberto Costantino, *Gli arabi in Sicilia*, Palermo, 2005.

Diletta D'Andrea, Nel *«decennio inglese» 1806-1815. La Sicilia nella politica britannica dai «Talenti» a Bentinck*, Soveria Mannelli (Catanzaro), 2008.

Paolo Delogu, *I normanni in Italia. Cronache della conquista e del regno*, Napolli, 1984.

Matteo Di Gesù, *L'invenzione della Sicilia. Letteratura, mafia, modernità*, Roma 2015.

Carlo Avarna Di Gualtieri, *Ruggero Settimo nel Risorgimento siciliano*, Bari, 1928.

Claudio Donati, *L'idea di nobiltà in Italia. Secoli XIV-XVIII*, Roma-Bari, 1988.

Martin Dreher, *La Sicilia antica*, Bologna, 2008.

Giuseppe Fava, *I siciliani*, Bologna, 1980.

Moses I. Finley, *Storia della Sicilia antica*, trad. it., Roma-Bari, 1972.

Andrea Finocchiaro Aprile, *Il Movimento Indipendentista Siciliano*, a cura di Massimo Ganci, Palermo, 1966.

Francesca Fausta Gallo, *L'alba dei Gattopardi. La formazione della classe dirigente nella Sicilia austriaca (1719-1734),* Catanzaro-Roma 1996.

Giovanna Fiume, *La crisi sociale del 1848 in Sicilia,* Messina, 1982.

Giustino Fortunato, *Galantuomini e cafoni prima e dopo L'Unità,* Roma, 1982.

Carlo Gemelli, *Storia della siciliana rivoluzione del 1848-49,* voll. 2, Bologna, 1867.

Massimo Ganci, *Storia antologica dell'autonomia siciliana,* voll. I-III Palermo, 1980.

Massimo Ganci, *La nazione siciliana,* Napoli, 1978.

Massimo Ganci, *La Sicilia contemporanea,* Palermo, 1986.

Massimo Ganci, *I Fasci dei lavoratori (Saggi e documenti),* Caltanissetta- Roma, 1977.

Massimo Ganci, *Da Crispi a Rudini. La polemica regionalista (1894-1896),* Palermo, 1973.

Romualdo Giuffrida, *I Rothschild e la finanza pubblica in Sicilia (1849-1855),* Caltanissetta-Roma, 1968.

Romualdo Giuffrida, *Lo Stato e le ferrovie in Sicilia (1860-1895),* Caltanissetta-Roma, 1967.

Pasquale Hamel, *L'invenzione del regno dalla conquista normanna alla fondazione del Regnum Siciliae (1061-1154),* Palermo, 2009.

Pasquale Hamel, *La fine del regno dalla morte di Ruggero II alla conquista sveva (1154-1194),* Palermo, 2012.

Michele Jacoviello, *La Sicilia. Dalle lotte per l'indipendenza dall'Italia all'autonomia regionale : 1943-1948,* Napoli, 1978.

Isidoro La Lumia, *Gli Ebrei siciliani,* Palermo, 1984.

Gioacchino Francesco La Torre, *Sicilia e Magna Grecia. Archeologia della colonizzazione greca d'Occidente.* Roma-Bari, 2011.

Salvatore Lupo, *Blocco agrario e crisi in Sicilia tra le due guerre,* Napoli, 1981.

Giuseppe Carlo Marino, *Movimento contadino e blocco agrario nella Sicilia giolittiana,* Palermo, 1979.

Giuseppe Carlo Marino, *Partiti e lotta di classe in Sicilia da Orlando a Mussolini,* Bari, 1976.

Giuseppe Carlo Marino, *Il meridionalismo della Destra storica e l'inchiesta parlamentare del 1867 su Palermo,* Palermo, 1971.

Maria Carla Martino, *Viaggiatori inglesi in Sicilia nella prima metà dell'Ottocento,* Palermo, 1977.

Georgina Masson, *Federico II di Svevia,* (Frederick II of Hohenstaufen, London 1957), Milano, 2001.

Giovanni Milazzo e Claudio Torrisi (a cura di), *Ripensare la Rivoluzione francese. Gli echi in Sicilia,* Caltanissetta-Roma, 1991.

Guy De Maupassant, *Viaggio in Sicilia ("La Sicile"),* Traduzione, introduzione e note di Pierre Thomas, Palermo, 1977.

Atanasio Mozzillo, *La frontiera del Grand Tour. Viaggi e viaggiatori nel Mezzogiorno borbonico,* Napoli, 1992.

Illuminato Peri, *La Sicilia dopo il Vespro. Uomini, città e campagne. 1282-1376,* Roma-Bari, 1990.

Giuseppe Pitrè, *Usi e costumi, credenze e pregiudizi del popolo siciliano,* voll. 4, Palermo, 1978.

Ernesto Pontieri, *Il tramonto del baronaggio siciliano,* Firenze, 1943.

Girgio Ravegnani, *I Bizantini in Italia,* Bologna, 2004.

Francesco Renda, *Storia della Mafia,* Palermo, 1998.

Francesco Renda, *Federico II e la Sicilia,* Soveria Mannelli (Catanzaro), 2012.

Francesco Renda, *I Fasci siciliani 1892-94,* Torino, 1977.

Francesco Renda, *La Sicilia degli anni '50 studi e testimonianze,* Napoli, 1987.

Francesco Renda, *Il movimento contadino in Sicilia,* Bari, 1976.

Rosario Romeo, *Il Risorgimento in Sicilia,* Roma-Bari, 1973.

Luigi Santagati, *Storia dei Bizantini di Sicilia,* Caltanissetta, 2012.

Luigi Santagati (a cura di), *La Sicilia di al-Idrisi ne Il Libro di Ruggero,* Caltanissetta-Roma, 2010.

Leonardo Sciascia, *La corda pazza. Scrittori e cose della Sicilia,* Milano 1991.

Leonardo Sciascia, *La Sicilia come metafora. Intervista di Marcelle Padovani,* Milano 1979.

La Sicilia e l'unità d'Italia. Congresso Internazionale di Studi Storici sul Risorgimento italiano, Palermo 15-20 aprile 1961, voll. 2, Milano, 1962.
Virgilio Titone, *La Sicilia spagnuola. Saggi storici*, Mazara, 1948.
Virgilio Titone, *La Sicilia dalla dominazione spagnola all'unità d'Italia*, Bologna, 1953.
Nicola Tranfaglia, *Mafia, politica e affari nell'Italia repubblicana, 1943-91*, Roma-Bari, 1992.
Claudio Vacanti, *Guerra per la Sicilia e guerra della Sicilia. Il ruolo delle città siciliane nel primo conflitto romano-punico*, Napoli, 2012.
Alessandro Vanoli, *La Sicilia musulmana*, Bologna, 2012.
Francesco Ventura, *De' diritti della Sicilia alla sua nazionale indipendenza. Memoria diplomatica*, Palermo, 1848.

関連年表

紀元前1300	シークリ人の定住。
1000頃	フェニキア人の商業活動。
734	ギリシア人、植民市ナッソの建設。
733	ギリシア人、シラクーサを建設。
728	ギリシア人、レオンティーニ、カターニアを建設。
700	フェニキア人、モツィアを建設。
688	ギリシア人、ジェーラを建設。
627	ギリシア人、セリヌンテを建設。
608	レオンティーニ、僭主支配。
580	ギリシア人、アグリジェントを建設。
570	アグリジェント、僭主支配。
498	ジェーラ、僭主支配。
488	アグリジェント、僭主支配。
484	シラクーサ、僭主ジェローネの支配。
480	イーメラの戦いで、シラクーサ・アグリジェント同盟軍、カルタゴに勝利。
461	シークリ人のドゥチェツィオ、シラクーサに対して反乱。
453	シークリ人同盟結成。
427	シラクーサ、レオンティーニを攻撃。
426	アテネ軍、レオンティーニを支援。
424	ジェーラでギリシア植民市の平和会議。
415	アテネ、シラクーサを攻撃。
413	アテネ、シラクーサに敗北。
407	ディオニュシオス、シラクーサで専制支配。
406	ディオニュシオス、カルタゴを撃退。
367	ディオニュシオス２世、僭主となる。
366	プラトン、シラクーサに滞在。
343	ティモレオン、シラクーサを支配。
317	シラクーサ、アガトクレスのクーデタで僭主制復活。
278	ピュロス、シラクーサに招聘。
264	マメルティーニの要請で、ローマ人がシチリアに介入。
264–241	ローマとカルタゴ、第１次ポエニ戦争。
227	シチリア、シラクーサを除いて、ローマの属州となる。
218–201	第２次ポエニ戦争。
212	ローマ、シラクーサを攻略、占拠。
210	ローマ軍、アグリジェントを攻略、占拠。

149–146	第3次ポエニ戦争。カルタゴ陥落。
135–132	エウノを指導者とする奴隷反乱。
104–101	サルヴィオを指導者とする奴隷反乱。
73	ガイウス・ウェッレス、シチリアの法務官に就任。
紀元後313	ローマでのキリスト教の自由化、シチリアにも普及。
395	ローマ帝国が東西に分裂。
410	西ゴート王アラリック、ローマに侵攻、西ローマ帝国の崩壊。
439	ヴァンダル人の王ガイセリック、北アフリカを制圧。
466	ガイセリック、シチリアに侵入。
468–476	ヴァンダル人、シチリア支配。
476	西ローマ皇帝ロムルス、オドアケルによって廃位。西ローマ帝国滅亡。ガイセリック、オドアケルにシチリアを譲渡。
535–540	ビザンツ帝国のシチリア支配。
568–774	ランゴバルド族、イタリアに入り、王国をつくる。
651–652	アラブ人によるシチリア攻撃。
663	コンスタンス2世、シラクーサに拠点を移し、シチリアの支配体制を確立。
668	コンスタンス2世、浴場で暗殺される。
826	エウフェミオス、ビザンツに反乱を起こし、シチリア王を宣言し、イスラーム教徒に支援を要請。
827	イスラーム教徒、シチリアのマツァーラに上陸。
878	イスラーム教徒、シラクーサを征服。
979	ビザンツ軍、再征服を試みるが失敗。
1059	アルタヴィッラ（仏オートヴィル）家のロベルト・グイスカルド（仏ロベール・ギスカール）が南イタリアを支配し、プーリア・カラーブリア公となる。
1061	アルタヴィッラ家のロベルトとルッジェーロ（仏ロジェール）、最初のシチリア征服を試みる。
1063	ルッジェーロ、チェルターニでイスラーム教徒に勝利。
1091	ノルマン、イスラームの最後の拠点ノートを陥落させ、シチリアを支配。
1101	シチリア伯ルッジェーロ、死去。
1130	ルッジェーロ2世、パレルモでシチリア王として戴冠。
1140	ルッジェーロ2世、ナーポリに入城して南イタリアを征服。
1154	ルッジェーロ2世死去、グリエルモ1世が継承。
1166	グリエルモ1世死去、グリエルモ2世が継承。
1186	神聖ローマ帝国のハインリヒ6世がアルタヴィッラ家のコスタンツァと結婚。
1189	グリエルモ2世死去。

1189-1194　レッチェ伯タンクレーディの支配。
1194　ハインリヒ6世、シチリア王に即位。フェデリーコ、イエージで誕生。
1197　ハインリヒ6世死去。コスタンツァを摂政として3歳のフェデリーコが継承。
1198　コスタンツァ没。教皇インノケンティウス3世、フェデリーコの後見人となる。
1208　教皇インノケンティウス3世、サン・ジェルマンの会議で、フェデリーコへの忠誠を家臣に宣誓させる。
1209　フェデリーコ、アラゴン家のコスタンツァと結婚。
1211　フェデリーコ、ドイツ王に選出。
1212　フェデリーコ、マインツでドイツ王戴冠。
1220　フェデリーコ2世、神聖ローマ皇帝の戴冠。
1224　フェデリーコ2世、ナーポリ大学を創立。
1225　フェデリーコ2世、エルサレム女王イザベルと結婚。
1227　教皇グレゴリウス9世、フェデリーコ2世を破門。
1228　フェデリーコ2世、第6回十字軍遠征に出発。
1229　フェデリーコ2世、アイユーブ朝スルタン、カーミルと交渉して聖地を回復し、10年間の休戦協定を締結。エルサレム王に即位、シチリアに帰還。
1230　フェデリーコ2世、教皇グレゴリウス9世と和解。
1231　フェデリーコ2世、メルフィ法典を公布。
1237　フェデリーコ2世、コルテヌオーヴァの戦いで、ロンバルディーアの都市同盟軍を破る。
1239　フェデリーコ2世、教皇グレオリウス9世から破門。
1244　教皇インノケンティウス4世、リヨン公会議で、フェデリーコ2世を廃位とする。
1250　フェデリーコ2世、カステル・フィオレンティーノで没。
1252　コッラード4世、ナーポリを占領するも急死。
1258　マンフレーディ、シチリア王に即位。
1266　マンフレーディ、ベネヴェントの戦いで敗死。シャルル・ダンジュー、シチリア王に即位。
1268　コッラディーノ、シャルル・ダンジューにタリアコッツォで敗北してナーポリで斬首。
1282　パレルモで反フランスの反乱「シチリアの晩禱」事件。アラゴン王ペドロ3世、トラーパニに上陸。
1302　アラゴンとアンジューの間でカルタベロッタの和約。フェデリーコ3世がトリナクリア王としてシチリアを支配。
1372　「シチリアの晩禱」後のアンジューとアラゴンの90年戦争終結。
1377　フェデリーコ4世の死去にともない、マリーアが王位を継承。

1402　「青年マルティーノ」がシチリア王となる。
1403　「青年マルティーノ」がマリーアと結婚。
1409　「青年マルティーノ」死去、「老人マルティーノ」が継承。
1412　カスティーリャのフェルナンド１世、アラゴンとシチリアの王を兼ねる。
1453　オスマン帝国、コンスタンティノープルを征服し、東ローマ帝国滅亡。
1469　アラゴンのフェルナンド５世とカスティーリャのイサベル王女との結婚でイスパニア（スペイン）王国成立。
1487　シチリアにおける宗教裁判で、ユダヤ人女性の最初の火刑。
1492　スペイン領土からユダヤ人の追放。グラナダが陥落し、キリスト教徒によるイベリアのレコンキスタ完了。コロンブスのアメリカ大陸発見。
1495　シャルル８世、ナーポリ王国を征服。反フランスの神聖同盟によりシャルル８世は撤退。
1512　副王モンカーダ、民衆の反乱で追放。
1516　ハプスブルク家のカルロス１世、スペイン王となる。
1517　ジャン・ルーカ・スクワルチアルーポによる共和主義の陰謀。
1521　皇帝カール５世とフランス王フランソワ１世との間でイタリア戦争始まる。
1523　フランス保護のもとでシチリアの自治王国をめざすインペラトーレ兄弟の陰謀。
1535　ミラーノ、スペイン支配下にはいる。
1559　カトー・カンブレジの和約。イタリアの大部分がスペイン支配下にはいる。
1571　レパントの海戦。
1646　メッシーナとパレルモ、食糧不足のため民衆の反乱。
1647　カターニアの反乱。パレルモにおける反乱にジュゼッペ・ダレージが参加。
1700　スペイン王カルロス２世死去。
1701–1714　スペイン王位継承戦争。
1713　ユトレヒト講和条約によって、サヴォイア公ヴィットーリオ・アメデーオ２世がシチリア王となる。
1720　シチリア、ハプスブルク家のカール６世の支配。
1735　スペインのフェリペ５世の息子、ドン・カルロがナーポリとシチリアの王となる。
1759　カルロがスペイン王に転封し、ナーポリ・シチリア王はフェルディナンド４世となる。
1767　イエズス会士、シチリアから追放。

1781-1786	副王ドメニコ・カラッチョロ、異端審問所を廃止、啓蒙的改革を実行する。
1786-1794	副王カラマーニコ、改革を続行。
1789	フランス革命始まる。
1795	フランチェスコ・パオロ・ディ・ブラージによる共和主義の陰謀。
1798	フェルディナンド王、ナーポリからシチリアに逃避。
1799	フェルディナンド王、パルテノペーア共和国崩壊後にナーポリに復帰。
1802	ナポレオン・ボナパルト、イタリア共和国大統領に。
1805	ナポレオン、イタリア王国国王に。
1806	フェルディナンド王、シチリアに逃避。ナポレオンの兄ジョゼフがナーポリ王となる。
1808-1814	ナポレオンの妹婿ミュラがナーポリ王に。
1810	イギリス総督ベンティンク卿、実質的なシチリア支配。
1812	パレルモ、立憲議会を開催、憲法を制定。
1814-1815	ウィーン会議。
1816	シチリア、両シチリア王国としてナーポリと統合。
1820	パレルモ、反ブルボンの反乱。
1848-1849	パレルモで民衆蜂起、臨時政府樹立。シチリア独立を宣言。
1860	ガリバルディ率いる「千人隊」がマルサーラに上陸。カラータフィーミでガリバルディ軍がブルボン軍を打破。パレルモに入城。サルデーニャ王国併合の住民投票。
1861	イタリア王国樹立宣言。
1865	トリーノからフィレンツェに遷都。
1866	パレルモの「セッテ・エ・メッゾ」の反乱。
1892	メッシーナ・カターニア・パレルモなどで「勤労者ファッシ」の結成。
1894	戒厳令の発布、ファッシの運動を弾圧。
1914	第一次世界大戦勃発。
1919	ムッソリーニ、イタリア戦闘ファッシを結成。
1922	ファシスト党の「ローマ進軍」、ムッソリーニ内閣の成立。
1940	イタリア、第二次世界大戦に参戦。
1943	連合軍のシチリア上陸。
1946	制憲議会選挙。国民投票により君主制を廃止し、イタリア共和国が成立。

Salvatore Francesco Romano, *Breve storia della Sicilia*, Torino, 1970を参照して作成。

シチリア王の系譜

＊数字は即位した年

シチリア伯

1071　ルッジェーロ
1101　シモーネ
1105　ルッジェーロ２世

シチリア王

1130　ルッジェーロ２世
1154　グリエルモ１世
1166　グリエルモ２世
1189　タンクレーディ
1194　ハインリヒ６世
1198　フェデリーコ
1250　コッラード
1254　コッラディーノ
1258　マンフレーディ
1266　シャルル・ダンジュー
1282　ペドロ３世（アラゴン家）
1285　ジャーコモ１世
（ハイメ　アラゴン家）
1296　フェデリーコ３世
（フェデリーゴ　アラゴン家）
1374　フェデリーコ４世（アラゴン家）
1377　マリーア（アラゴン家）
1401　「青年マルティーノ」
1409　「老人マルティーノ」
1412　フェルナンド１世
（アラゴン家）

両シチリア王国

1416　アルフォンソ５世　雅量王
1458　ジョヴァンニ（フアン２世）
1479　フェルナンド３世（アラゴン王フェルナンド２世）カトリック王
1516　カール１世（ハプスブルク家）
1556　フェリペ２世（スペイン）
1598　フェリペ３世
1621　フェリペ４世
1665　カール２世（ハプスブルク家）
1700　フェリペ５世（ブルボン家）

シチリア王

1713　ヴィットーリオ・アメデーオ２世
（サヴォイア家）
1720　カール６世
1735　ドン・カルロ（ブルボン家）
1759　フェルディナンド３世
1825　フランチェスコ１世
1830　フェルディナンド２世
1859　フランチェスコ２世

イタリア・サヴォイア家

1861　ヴィットーリオ・エマヌエーレ２世
1878　ウンベルト１世
1900　ヴィットーリオ・エマヌエーレ３世
1946　ウンベルト２世

典拠：Salvatore Francesco Romano, *Breve storia della Sicilia*, Torino, 1970.

［マ・ヤ・ラ］

［タ］

［ナ・ハ］

［サ］

索引

藤澤房俊（ふじさわ・ふさとし）

一九四三年、東京生まれ。早稲田大学大学院博士課程修了。文学博士。東京経済大学教授を経て、現在、東京経済大学名誉教授。著書に、『赤シャツの英雄ガリバルディ――伝説から神話への変容』（洋泉社、マルコ・ポーロ賞受賞）、『シチリア・マフィアの世界』（中公新書、講談社学術文庫）、『「クオーレ」の時代――近代イタリアの子供と国家』（筑摩書房、ちくま学芸文庫）、『大理石の祖国――近代イタリアの国民形成』（筑摩書房）、『第三のローマ――イタリア統一からファシズムまで』（新書館）、『匪賊の反乱』『ピノッキオとは誰でしょうか』『マッツィーニの思想と行動』（太陽出版）、『「イタリア」誕生の物語』（講談社選書メチエ）、『ムッソリーニの子どもたち――近現代イタリアの少国民形成』（ミネルヴァ書房）、『ガリバルディ――イタリア建国の英雄』（中公新書）、訳書に、スティーブン・ランシマン『シチリアの晩禱――十三世紀後半の地中海世界の歴史』（榊原勝共訳、太陽出版）など。

地《ち》中《ちゅう》海《かい》の十《じゅう》字《じ》路《ろ》＝シチリアの歴《れき》史《し》

二〇一九年　六月一〇日　第一刷発行

著　者　藤《ふじ》澤《さわ》房《ふさ》俊《とし》

発行者　渡瀬昌彦

発行所　株式会社　講談社
東京都文京区音羽二丁目一二―二一　〒一一二―八〇〇一
電話　（編集）〇三―三九四五―四九六三
（販売）〇三―五三九五―四四一五
（業務）〇三―五三九五―三六一五

装幀者　奥定泰之

本文データ制作　講談社デジタル製作

本文印刷　信毎書籍印刷株式会社

カバー・表紙印刷　半七写真印刷工業株式会社

製本所　大口製本印刷株式会社

ISBN978-4-06-516328-3　Printed in Japan
N.D.C.237　262p　19cm

講談社選書メチエの再出発に際して

講談社選書メチエの創刊は冷戦終結後まもない一九九四年のことである。長く続いた東西対立の終わりはついに世界に平和をもたらすかに思われたが、その期待はすぐに裏切られた。超大国による新たな戦争、吹き荒れる民族主義の嵐……世界は向かうべき道を見失った。そのような時代の中で、書物のもたらす知識が一人一人の指針となることを願って、本選書は刊行された。

それから二五年、世界はさらに大きく変わった。特に知識をめぐる環境は世界史的な変化をこうむったとすら言える。インターネットによる情報化革命は、知識の徹底的な民主化を推し進めた。誰もがどこでも自由に知識を入手でき、自由に知識を発信できる。それは、冷戦終結後に抱いた期待を裏切られた私たちのもとに差した一条の光明でもあった。

その光明は今も消え去ってはいない。しかし、私たちは同時に、知識の民主化が知識の失墜をも生み出すという逆説を生きている。堅く揺るぎない知識も消費されるだけの不確かな情報に埋もれることを余儀なくされ、不確かな情報が人々の憎悪をかき立てる時代が今、訪れている。

この不確かな時代、不確かさが憎悪を生み出す時代にあって必要なのは、一人一人が堅く揺るぎない知識を得、生きていくための道標を得ることである。

フランス語の「メチエ」という言葉は、人が生きていくために必要とする職、経験によって身につけられる技術を意味する。選書メチエは、読者が磨き上げられた経験のもとに紡ぎ出される思索に触れ、生きるための技術と知識を手に入れる機会を提供することを目指している。万人にそのような機会が提供されたとき初めて、知識は真に民主化され、憎悪を乗り越える平和への道が拓けると私たちは固く信ずる。

この宣言をもって、講談社選書メチエ再出発の辞とするものである。

二〇一九年二月　　野間省伸